In 30 Tagen zu mehr Selbstvertrauen, Selbstliebe und Charisma.
Das Praxisbuch gegen Selbstzweifel, Schüchternheit, Unsicherheit und Angst.
(Inkl. 30-Tage-Komfortzonen-Challenge).

IDENTITY CHANGE

SELBSTBEWUSSTSEIN & SELBSTWERTGEFÜHL STÄRKEN

W0326778

TIM WUNDERLICH

1. Auflage

Bonus #1: Die 5-Schritt-Morgenroutine, um den Tag zu gewinnen und dein Leben zu transformieren

Mit dem Kauf dieses Buches erhältst du ebenfalls „Die 5-Schritt-Morgenroutine, um den Tag zu gewinnen und dein Leben zu transformieren". Eine konstante Morgenroutine ist der größte Erfolgsfaktor, den ich in den letzten Jahren in mein Leben implementieren konnte, und sehr viele erfolgreiche Menschen benutzen das Tool der Morgenroutine, um positiv, produktiv und energiegeladen in den Tag zu starten.

Alle Informationen, wie du dir deinen Bonus sichern kannst, findest du am Ende dieses Buches.

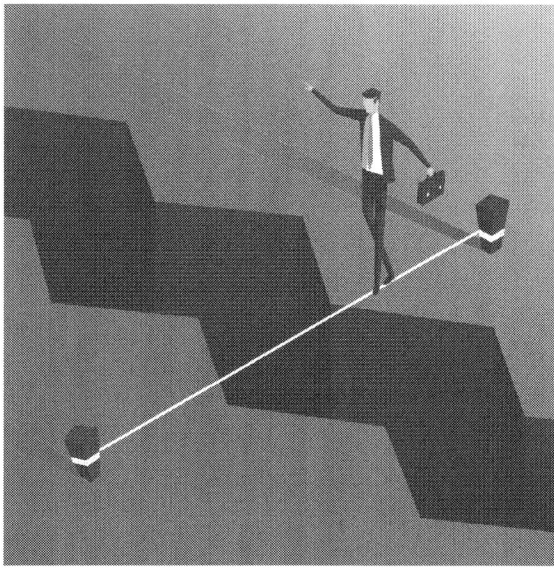

Bonus #2: Die 30-Tage-Komfortzonen-Challenge

Um dir deinen Weg und vor allem den Einstieg zu erleichtern, ist hier noch ein weiterer Bonus für dich: die 30-Tage-Komfortzonen-Challenge. Eine praktische Anleitung inklusive Anweisungen, was du jeden Tag tun kannst, um deine Komfortzone zu verlassen.

Eins schon mal vorab: Gelingt es dir, die vollen 30 Tage durchzuziehen, ohne auch nur einen einzigen davon auszulassen, so wird deine Komfortzone nach diesen 30 Tagen weitaus größer sein, als sie jetzt ist. Du wirst einen immensen Unterschied merken. Aber selbst wenn es dir nicht gelingen sollte, alle 30 Challenges zu schaffen, ist das überhaupt kein Problem. Jeder erfolgreich absolvierte Tag wird deine Komfortzone ein großes Stück weit erweitern.

Inhaltsverzeichnis

"Twenty years from now you will be more disappointed by the things you didn't do than by the ones you did do. So throw off the bowlines. Sail away from the safe harbor. Catch the trade winds in your sail. Explore. Dream. Discover."

Mark Twain

1

Einleitung

Wenn wir uns an unsere Kindheit und Jugend zurückerinnern, so haben wir alle unsere Momente, die uns besonders gut in Erinnerung geblieben sind. Es sind jene Erfahrungen, die uns geprägt und zu dem Menschen gemacht haben, der wir heute sind. Wir alle haben unsere eigene Geschichte. Meine Geschichte beginnt mit einer unbeschwerten Kindheit. Einfamilienhaus. Kleinstadtleben. Ich hatte immer, was ich brauchte – und meistens noch etwas mehr. Auch meine Jugend verlief ohne größere Komplikationen. So dachte ich zumindest. Ich hatte ein paar gute Freunde. Mein Leben bestand wochentags aus Schule und an den Wochenenden daraus, mit meinen Freunden irgendwelche Dinge zu tun und auf Partys zu gehen. Doch nicht alles war so, wie es scheint. Und es brauchte noch gut ein paar Jahre länger, ehe ich das realisierte. Ich war naiv. Verschlossen. Und ich hatte keine Ahnung von dieser Welt.

Bis es zum großen Tipping-Point kam: Ich hatte die Schule erfolgreich abgeschlossen und mit dem Abitur in der Tasche ging es ein ganzes Stück weit weg in eine neue Stadt. Großstadt. Studium. Neuanfang. Ich war allein, hatte plötzlich meine Freunde nicht mehr bei mir und kannte absolut niemanden. All die Schutzhüllen, die mich immer umgeben hatten – in Form von Schule, Eltern, Freunden und vertrauter Umgebung – waren auf einmal nicht mehr da. Als hätten sie nie existiert. Und während ich mir den Kopf zerbrach, wie ich es schaffen sollte, neue Freunde zu finden, wurde mir eines klar: Ich kannte nicht mal mich selbst. All die Jahre hatte ich ein verzerrtes Bild meiner selbst, welches mir eine heile Welt vorspielte. So lange hatte es gedauert, ehe sich dieses Bild zu verformen begann und seine wahre Gestalt zeigte. Plötzlich war ich ganz klein, schüchtern, introvertiert, zurückgezogen und voller Unsicherheit. Ich hatte kein Selbstbewusstsein! Dabei waren diese Eigenschaften eigentlich schon immer ein Teil von mir. Aber mein Leben davor hatte es mir erlaubt, das alles zu unterdrücken, auszublenden und zu überspielen. Doch jetzt, so verloren in diesem neuen Leben, merkte ich klar und deutlich, was wirklich Sache war. Zeitgleich beobachtete ich, wie meine neuen Mitstudentinnen und Mitstudenten neue Freundschaften schlossen. Ich hörte von Dingen und Erfahrungen, die ich mir nicht mal hätte erträumen können. Für meinen eigenen Horizont war das eine Vergrößerung unglaublichen Ausmaßes – und da fasste ich den Entschluss: Ich möchte diese Leute kennenlernen. Ich möchte dazugehören. Ich möchte etwas erleben und mehr von dieser Welt haben. Eine Welt, die so viel zu bieten hat. Ich möchte mein Glück selbst in die Hand nehmen und zu einem Menschen voll Selbstbewusstsein und Selbstwertgefühl werden.

Also machte ich mich an die Arbeit. Ich begann zu recherchieren, durchforstete zahlreiche Foren, Websites und Bücher. Nachdem ich unzählbar viele Tage und lange Nächte mit meiner Recherche verbracht hatte, fühlte ich mich wie der König der Persönlichkeitsentwicklung. Ich dachte, ich sollte eigentlich als Experte von Talkshow zu Talkshow reisen, um den Leuten mein bahnbrechendes Wissen zu vermitteln. Im Laufe der Jahre veränderte sich aber vieles – und vieles hätte so viel einfacher und schneller sein können, hätte ich nur gewusst, dass ich die letzten 20 Jahre belogen wurde und alles, was ich über das Thema Selbstbewusstsein und Selbstwertgefühl zu wissen glaubte, falsch war.

Selbstbewusstsein ist etwas enorm Wichtiges und Wertvolles, was uns oft aber erst dann klar wird, wenn wir mit den Auswirkungen von zu wenig Selbstbewusstsein zu kämpfen haben. Da ist dieses Selbstbild, dass es dir einfach nicht erlauben will, dich selbst zu mögen. Das Gefühl, nicht gut genug zu sein. Diese innere Stimme, die dich runterzieht. Der Gedanke, nichts wert zu sein. Schüchternheit. Angst. Die Ablehnung des eigenen Körpers. Sich wie das Allerletzte fühlen, wie ein Haufen Elend, mit dem rein gar nichts anzufangen ist. Sozialer Druck. Freunde und Familie, die einen runtermachen. Ein erdrückendes Unbehagen, wenn du unter anderen Menschen bist. Wenn Partys und Events schnell zum Alptraum werden. Angst vor fremden Menschen. Extreme Angst, abgewiesen oder abgelehnt zu werden. Harmoniesucht – der ständige Drang, es allen recht zu machen, um ja niemanden zu enttäuschen. Die Abhängigkeit von der Meinung anderer. Eine schlechte Ausstrahlung, Körpersprache und ein erster Eindruck, der mit „einen guten ersten Eindruck machen" wenig zu tun hat. Die Angst davor, seine eigene Meinung zu äußern. Die Angst, etwas Falsches zu tun – „Also mach ich lieber gar nichts". Die Angst, im Mittelpunkt zu stehen, aufzufallen oder beobachtet zu werden. Der ständige Vergleich mit anderen und die ständige Sorge, was andere über dich denken. Sich selbst nichts zutrauen. Das Gefühl, die Kontrolle nicht selbst in der Hand zu haben. Das Gefühl, nicht selbst zu leben, sondern gelebt zu werden. Fremdbestimmung. Der ständige Fokus auf die eigenen Schwächen. Ein Leben völlig unter dem vorhandenen Potenzial. Depressionen, Unsicherheiten, Lustlosigkeit, Antriebslosigkeit. Sozialer Rückzug. Unsicherheit, die sich in deiner Ausstrahlung manifestiert. Die Angst, nichts mehr zu sagen zu haben – Unsicherheit beim Smalltalk und in anderen Gesprächssituationen. Angst, vor anderen zu sprechen: wenn Präsentationen wie ein Ding der Unmöglichkeit erscheinen und dich schon

Wochen vorher nicht mehr schlafen lassen. Ein „Fixed Mindset" – ich bin nicht gut genug und werde es auch nie sein. Und nicht zuletzt das ewige Verweilen innerhalb der eigenen Komfortzone.

Kommt dir das bekannt vor? Keine Sorge, du bist damit keinesfalls allein – und wie ich es selbst hautnah erlebt habe, gibt es Wege und Möglichkeiten, all das in der Vergangenheit zu lassen und in eine neue, selbstbewusste und lebensfrohe Zukunft aufzubrechen. Egal wie ungünstig die Ausgangslage ist!

Am Ende des Weges zu mehr Selbstbewusstsein wartet ein Leben, welches es allemal wert ist, dafür zu kämpfen. Ein Leben ohne erdrückende Ängste, Sorgen und Selbstzweifel. Du wirst nicht mehr emotional an belanglosen Situationen verzweifeln und kannst dich auf die wirklich wichtigen und schönen Dinge im Leben konzentrieren. Aus der Angst, in der Ecke zu stehen und auf der Party nervös an deiner Kleidung rumzuspielen, wird eine gute Zeit mit guten Leuten werden. Egal, ob es sich hierbei um deine Freunde handelt oder völlig neue Gesichter, die du im Laufe des Abends kennenlernst. Denn neue Leute kennenzulernen wird ein Kinderspiel für dich sein. Durch deine Ausstrahlung wirst du weniger auf Abweisung und Ablehnung stoßen, und selbst wenn, lässt du dich davon keinen Zentimeter beeindrucken. Du hast nun nämlich einen neuen Schutzschild: dein Selbstbewusstsein und dein Selbstwertgefühl. Du brauchst den Schutz deines vertrauten Umfelds und deiner Komfortzone nicht mehr. Du kannst sämtliche Situationen in jeder Lebenslage mit verschiedenen Strategien bewältigen. Du wirst endlich all die Werkzeuge haben, die dich von deinen Problemen, Sorgen und emotionalen Schmerzen befreien können. Ja, diese Werkzeuge gibt es – du musst sie dir nur holen.

Aber wie kann das gelingen und worum wird es in diesem Buch überhaupt gehen?

Ich werde dir zeigen, wie du dein Selbstbild bzw. deine Identität, sprich deine Überzeugung von dir selbst, Schritt für Schritt dahingehend änderst, dass du zu dem Menschen wirst, der du wirklich sein willst.

Du wirst lernen, wie du dir Selbstbewusstsein für soziale Situationen aufbaust – wie du deine Schüchternheit ablegen kannst, wie du es schaffen kannst, unter Menschen zu kommen und dich dabei auch wohlfühlst, wie du keine Angst mehr vor Menschengruppen und Events haben brauchst, wie du gefühlt jede Partystätte zu deinem Wohnzimmer machst, wie du der König des Smalltalks wirst und wie du Präsentationen hältst, denen das gesamte Publikum gebannt lauscht – anstatt dich selbst in deiner Angst zu verlieren.

Ich werde dir genau erklären, wie du Gewohnheiten, Strukturen und Glaubenssätze entwickelst, die dein Selbstbewusstsein und Selbstwertgefühl auf eine neue Ebene bringen und dauerhaft stärken und festigen.

Ich werde dir Schritt für Schritt zeigen, wie du unabhängig und resistent gegenüber der Meinung anderer wirst, wie du dich selbst lieben lernst und dir einen natürlichen Schutzschild für dein Selbstwertgefühl aufbaust, an dem sämtliche Negativität einfach abprallt.

Du wirst lernen, wie es dir gelingen kann, deinen Körper so zu akzeptieren, wie er ist und wie du dich darin wohlfühlen kannst. Wie du ein Gefühl von Kontrolle und Selbstsicherheit erlangst, welches auch nach außen hin sichtbar ist. Dazu gehört auch, nach seinen eigenen Werten zu leben und zu handeln, einen guten ersten Eindruck zu machen und eine positive Ausstrahlung und Charisma zu haben.

Ebenso werde ich dir praktische Techniken näherbringen, wie du deine Ängste bewältigst und Schritt für Schritt deine Komfortzone erweiterst. Außerdem habe ich eine 30-Tage-Komfortzonen-Challenge für dich, welche dir eine genaue Anleitung bietet, wie du deine Komfortzone erweitern kannst.

Du wirst lernen, wie du aus der Opferrolle ausbrechen kannst und dir positives Momentum aufbaust – wie du die Kontrolle und dein ganzes Leben selbst in die Hand nimmst.

Aber halt! Stopp! Ich habe mich noch gar nicht vorgestellt. Also – mein Name ist Tim Wunderlich. Aus eigener Motivation heraus habe ich mich in den letzten Jahren intensiv mit dem Thema Selbstbewusstsein und den dazugehörigen Aspekten wie Selbstwertgefühl und Selbstbild bzw. Identität beschäftigt. Es war die Kombination von jeder Menge Recherche, einer Unmenge an Büchern und Seminaren sowie meine eigene Erfahrung, die mich an den heutigen Punkt gebracht hat und mich den Entschluss fassen ließ, selbst ein Buch zu verfassen. Dabei war mir aber von Anfang an klar, dass ich einen völlig anderen Ansatz verfolgen muss. Fern von abstrakten Floskeln und nichtssagendem oder gar irreführendem Inhalt. Stattdessen werde ich dir einen Mix aus theoretischem Hintergrundwissen – ausführlich genug, um sämtliche Hintergründe bei Bedarf zu verstehen, und kurz genug, um deinen Weg nicht unnötig in die Länge zu ziehen – und praktischen Tools und Tipps präsentieren.

Ich möchte dir den langen und harten Weg, den ich gehen musste, ersparen. All die Enttäuschungen. Dabei kann ich dir deinen eigenen Weg aber nicht abnehmen. Ich kann dir nur dabei helfen, ihn so einfach wie möglich zu gestalten und dir eine Anleitung mitgeben, wie du sämtliche Situationen bewältigst. Am Ende musst du selbst aber diesen Weg gehen. Ein hohes Selbstbewusstsein und Selbstwertgefühl sind der Schlüssel, um dein volles Potenzial auszuschöpfen und das Leben in vollen Zügen genießen zu können. Wo auch immer du gerade stehst, es wird sich lohnen – und du kannst es schaffen. So, wie ich es auch geschafft habe. Also, bist du bereit?

"The first step towards getting somewhere is to decide you're not going to stay where you are"

John Pierpont Morgan

2

Selbstbewusstsein? Selbstvertrauen? Selbstwertgefühl? Was ist das eigentlich?

Im Sommer nach meinem ersten Jahr auf der Uni besuchte ich auf Einladung eines Freundes hin eine Studentenparty im Wohnheim. Es gab eine große Dachterrasse, kühle Getränke und Snacks. Sogar eine eigene Cocktailbar war aufgebaut worden. Sommerliche Temperaturen, das erleichternde Gefühl des erfolgreichen Abschlusses des ersten Studienjahrs und jede Menge bekannte Gesichter um mich herum boten eigentlich die idealen Voraussetzungen für eine unvergessliche Nacht. Nichtsdestotrotz war es irgendwie einfach nicht mein Tag. Als ich den Abend schon beinahe als durchschnittlich abgestempelt hatte und mich auf den Weg nach Hause machen wollte, traf ich an jener besagten Cocktailbar einen Mitstudenten, nennen wir ihn Max, der mir schon das eine oder andere Mal im Vorlesungssaal begegnet war. Wir kamen ins Gespräch und unterhielten uns über das vergangene Jahr. Er war nicht der Typ für belanglosen Smalltalk – ein Aspekt, in dem wir uns sehr ähnelten. Als wir über eine seiner Abschlusspräsentationen redeten, entwickelte sich das Gespräch in eine Richtung, welche zumindest diesen Teil des Abends doch noch unvergesslich für mich machen sollte. Er erklärte mir, dass er enorme Schwierigkeiten hatte, vor einer Gruppe von Menschen zu sprechen. Dieser junge Mann war hochintelligent und gemäß seinen Erzählungen übernahm er bei den meisten Gruppenarbeiten und Projekten die Führungsrolle. Aber sobald es dazu kam, etwas vor anderen Menschen zu präsentieren, fühlte er sich völlig hilflos. Als ich nach einiger Zeit dann doch den Weg nach Hause antrat, ließ ich den Abend Revue passieren. Zu diesem Zeitpunkt war der Abend meiner Wahrnehmung nach noch immer sehr durchschnittlich gewesen. Erst, als ich mich Tage später im Internet schlau machte, wurde mir die Bedeutung dieser Konversation bewusst.

Bevor ich aber mit der Erklärung hierfür beginne, habe ich ein kurzes Gedankenexperiment für dich: Stell dir vor, du sitzt in einer Schulklasse oder im Vorlesungssaal und bist Zeuge einer Präsentation. Der Präsentierende hat sichtlich Probleme damit, seine Inhalte durch Sprache und Körpersprache zum Ausdruck zu bringen. Stattdessen wirkt er nervös, unsicher und angespannt. Würdest du diese Person als selbstbewusst beschreiben? Deine Antwort ist vermutlich „nein", was absolut nachvollziehbar ist. Nun stelle dir vor, du triffst ebendiese Person an der Cocktailbar und sie erklärt dir ausführlich und vollkommen reflektiert, wie schwer es für sie ist, vor anderen Menschen zu sprechen. Würdest du die Person jetzt als selbstbewusst beschreiben?

Der Begriff „Selbstbewusstsein" ist tatsächlich weit weniger selbsterklärend als zumeist angenommen. Doch wozu erzähle ich dir das Ganze überhaupt? Ganz einfach: Ich werde dir im Laufe dieses Ratgebers Möglichkeiten und Wege aufzeigen, wie du es schaffen kannst, mehr Selbstbewusstsein zu erlangen. Vorher müssen wir also unbedingt klarstellen, was mit dem Begriff „Selbstbewusstsein" überhaupt gemeint ist, um auf einen gemeinsamen Nenner zu kommen.

In der Wissenschaft, beispielsweise der Philosophie oder Psychologie, versteht man unter „Selbstbewusstsein" die Fähigkeit, sich seiner selbst bewusst zu sein. Hierbei spielt es keine Rolle, ob du etwas besonders gut oder schlecht kannst. Solange du dir im Klaren über deine Fähigkeiten bist, bist du selbstbewusst. Im Hinblick auf unser kleines Gedankenexperiment und gemäß dieser Definition müsstest du die oben erwähnte Person als eindeutig selbstbewusst beschreiben. Sie wirkt unsicher während der Präsentation. Diese Unsicherheit ist der Person vollkommen bewusst. Folglich ist sie als selbstbewusst einzustufen.

Im allgemeinen Sprachgebrauch hingegen assoziiert man mit „Selbstbewusstsein" automatisch positive Eigenschaften wie ein selbstsicheres Auftreten und verwendet „Selbstbewusstsein" als Synonym für „Selbstwert". Tatsächlich wäre „Selbstwert" oftmals der passendere Begriff. Bei unserem Gedankenexperiment von vorhin und entsprechend dieser Definition dürftest du die Person nicht als selbstbewusst beschreiben. Auch nicht, nachdem du an der Cocktailbar erfahren hast, dass sie sich über ihre Probleme im Klaren ist.

Ziel dieses Ratgebers ist es, dir zu mehr Selbstsicherheit und einem besseren Selbstwertgefühl zu verhelfen. Aus diesem Grund werde ich den Begriff „Selbstbewusstsein" von nun an gemäß dem allgemeinen Sprachgebrauch verwenden. Wenn ich also von „Selbstbewusstsein" rede, so meine ich nicht nur die Eigenschaft, sich selbst einschätzen zu können, sondern die Fähigkeit, an seine eigenen Stärken zu glauben, was sich in einem selbstsicheren Auftreten äußerst. Nichtsdestotrotz ist es auf dem Weg zu mehr Selbstbewusstsein enorm wichtig, sich selbst reflektieren zu können. Darauf werde ich später noch genauer eingehen.

Unter Selbstsicherheit bzw. Selbstvertrauen versteht man die Fähigkeit, auf seine eigenen Stärken zu vertrauen. Dein Selbstwertgefühl hingegen beschreibt, wie du dich selbst bewertest. Wenn du also beispielsweise der Meinung bist, du bist nicht gut genug in irgendeinem Bereich, so zieht dies wahrscheinlich deinen Selbstwert hinunter. Wenn du aber einen sehr erfüllenden Job hast und der Ansicht bist, deine Qualifikationen passen perfekt zu den Anforderungen deiner Tätigkeit, so erhöht sich dein Selbstwertgefühl vermutlich. Bei diesem Beispiel ist das Selbstwertgefühl bedingt durch Selbstvertrauen. Du weißt, du machst etwas gut, folglich fühlst du dich innerhalb einer sozialen Gruppe – in dem Fall am Arbeitsplatz – gebraucht und geschätzt. Und schon erfährt dein Selbstwertgefühl einen Aufschwung. In vielen Fällen ist das ganz ähnlich. Nichtsdestotrotz haben die beiden Begriffe eine unterschiedliche Bedeutung, wobei das Selbstvertrauen als wichtiger Faktor des Selbstwertgefühls verstanden werden kann.

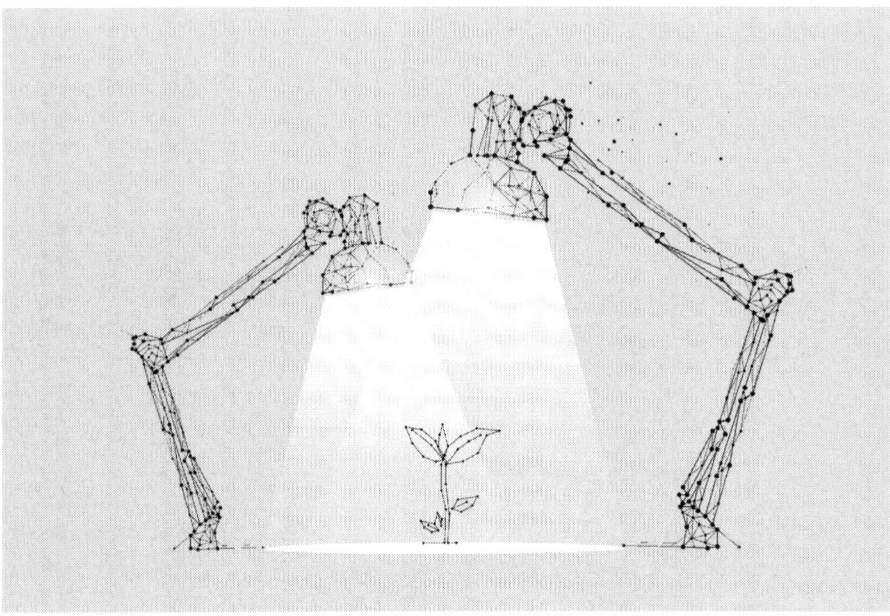

"If you are insecure, guess what? The rest of the world is too. Do not overestimate the competition and underestimate yourself. You are better than you think."

T. Harv Eker

3

Mangel an Selbstbewusstsein

Nachdem nun die Begriffe geklärt sind, ist der nächste Schritt auf dem Weg zu mehr Selbstbewusstsein, Ursachen und Auswirkungen von zu wenig Selbstbewusstsein zu analysieren. Woher kommt dieser Mangel an Selbstbewusstsein? Weshalb hat es gerade mich getroffen? Was sind die Auswirkung davon? Gibt es vielleicht Aspekte, welche ich bewusst gar nicht wahrnehme, weil sie mir „normal" erscheinen? Verpasse ich vielleicht sogar das „wahre Leben", weil mich meine Zweifel zu sehr einschränken?

Die Auswirkungen scheinen zunächst einmal unmittelbar ersichtlich, wobei dem keineswegs immer so ist. Wenn du nämlich gewisse Lebensumstände als „normal" einstufst, weil du es anders gar nicht oder nicht mehr kennst, so kann es sehr wohl sein, dass du dir gewissen Folgen nicht bewusst bist, obwohl dich diese einschränken. Die Ursachen hingegen sind meistens von vornherein weit weniger offensichtlich und liegen oft Jahre oder Jahrzehnte zurück. Auswirkungen und Ursachen müssen aber gleichermaßen konsequent analysiert werden, damit wir anschließend effektiv, bewusst und selbstreflektiert am eigenen Selbstvertrauen arbeiten können.

Um Probleme konsequent zu lösen ist es also in den allermeisten Fällen enorm wichtig, die Ursachen zu analysieren und darauf basierend weitere Schritte zu unternehmen. Wenn du von dir selbst weißt, dass du an einem Mangel an Selbstbewusstsein leidest, so genügt diese Einsicht nicht, um direkt mit dem Aufbau von Selbstbewusstsein zu beginnen. Stattdessen solltest du herausfinden, wieso dem so ist und wie sich dieser Mangel auf die verschiedensten Bereiche deines Lebens auswirkt. Je besser du deine Situation verstehst, desto leichter wird es dir fallen, später die richtigen Entscheidungen zu treffen, um dein Selbstbewusstsein und Selbstwertgefühl zu stärken.

3.1 Ursachen

Grundsätzlich ist festzuhalten, dass der Mensch bei seiner Geburt nicht automatisch mit Selbstbewusstsein gesegnet ist. Fakt ist aber, dass jeder Mensch mit dem Potenzial geboren wird, im Laufe seiner Entwicklung ein gesundes Level an Selbstbewusstsein zu erlangen. Genetische Faktoren spielen hier zwar eine Rolle, – je nach Typ verarbeiten wir verschiedene positive wie auch negative Erfahrungen unterschiedlich – Selbstbewusstsein ist aber an sich nicht angeboren, sondern muss „erlernt" werden. Jede Erfahrung, die wir machen, beeinflusst, wie wir uns selbst, andere und die Welt um uns herum wahrnehmen. Hauptverantwortlich in diesem Lernprozess sind die ersten Lebensjahre, in denen wir durch unsere Eltern und später durch erste Erfahrungen in der Schule geprägt werden.

So wie sich ein gesundes Maß an Selbstbewusstsein über Jahre hinweg entwickelt, ist zumeist auch ein Mangel an ebendiesem antrainiert. Zu wenig Lob oder zu viel Ablehnung im frühen Kindesalter nagen andauernd am eigenen Selbstwertgefühl. Eltern, die ihr Kind andauernd kritisieren, geben ihrem Kind falsche Maßstäbe mit, an denen das Kind dann aber, vielleicht ein Leben lang, all seine Taten und Errungenschaften misst.

Dieses verzerrte Selbstbild macht es dann deutlich schwerer, sich selbst wertzuschätzen. Eltern, die selbst Probleme mit ihrem Selbstbewusstsein aufweisen, neigen stärker dazu, diese Eigenschaft an ihre Kinder weiterzugeben. Es gelingt ihnen oft nicht, dem Kind die entsprechende Wertschätzung entgegenzubringen. Dabei wäre genau das enorm wichtig für die gesunde Entwicklung des Kindes. Während bereits vergleichsweise kleinere Komplikationen in der Kindheit zu einem Mangel an Selbstbewusstsein führen können, wird es im Falle von schwerwiegender emotionaler Vernachlässigung, Gewalt oder sexuellem Missbrauch besonders problematisch und nachhaltige Beeinträchtigungen im Hinblick auf das Selbstwertgefühl Betroffener sind sehr häufig.

3.2 Auswirkungen

Die Ursachen sind also oft in einer Zeit unseres Lebens zu finden, an die wir wenige bis keine Erinnerungen haben. Außerdem können wir an unserer Vergangenheit sowieso nichts mehr ändern. Die Auswirkungen hingegen begleiten und beeinträchtigen uns mitunter ein Leben lang, sofern nicht aktiv etwas dagegen unternommen wird.

3.2.1 Angst vor dem Scheitern

Wie vorhin bereits erwähnt, hatte ich, wie viele andere Betroffene auch, Probleme damit, soziale Ablehnung zu verarbeiten. Ich zog mich zurück und mied Kontakte mit anderen so weit wie möglich, wenn mein Stresslevel eine gewisse Schwelle überschritt. Dies war notwendig, um Anspannung abzubauen und neue Energie zu tanken. Ein ähnliches Bild zeichnete sich auch in einem anderen Bereich ab: Aus Angst, Fehler zu machen oder die falschen Entscheidungen zu treffen, schränkte ich mich selbst ein und tat am Ende oft gar nichts – wobei gar nichts zu tun oft noch schlechter ist als das Falsche zu tun. Meines Erachtens ist diese zurückhaltende Vorsicht tief in unserer Gesellschaft verwurzelt, was es natürlich nicht einfacher macht, diesem Schema zu entkommen. Sowohl im privaten als auch im professionellen Bereich gilt bzw. galt zumeist die Ansicht, für Fehler jeglicher Art sei kein Platz. Ausgehend von den USA erleben wir aber zunehmend, zu meiner großen Freude, modernere Ansätze wie die sogenannte „Failure Culture". Der Begriff beschreibt einen Glaubenssatz im Unternehmertum, der Angestellte dazu motivieren soll, Fehler zu machen. Plötzlich ist wieder Raum für Innovation und Experimente da. Die Angst vor dem Scheitern weicht dem Streben nach Fortschritt. Ideen, Konzepte und alternative Lösungswege entstehen. Und selbst wenn viele dieser Ansätze nicht zum gewünschten Erfolg führen, bietet deren Scheitern dennoch Mehrwert in

Form von Wissen. Wissen, welches in Zukunft dabei helfen wird, neue Ideen zu entwickeln.

Das Prinzip lässt sich mehr oder weniger eins zu eins auf die Persönlichkeitsbildung übertragen. Meine Angst, Fehler zu machen, hinderte mich daran, Neues auszuprobieren. Erst, als ich für mich lernte und akzeptierte, dass Fehler und Scheitern auch etwas Positives sein können, konnte ich mich weiterentwickeln. Dabei liegt es doch eigentlich in der Natur des Menschen, Dinge manchmal oder auch öfter falsch oder nicht perfekt zu tun. Wenn du beispielsweise eine wichtige Prüfung vor dir hast, wäre es äußerst unvorteilhaft, aus Angst einfach gar nichts zu schreiben. Denn dann weißt du mit Sicherheit, dass du jene Prüfung nicht bestehen wirst. Wenn du aber zu schreiben beginnst, mit dem Wissen, dass du wahrscheinlich Fehler machen wirst, so hast du die Chance, die Prüfung zu bestehen bzw. dein Wunschergebnis zu erreichen.

3.2.2 Angst vor Veränderung

Der Mensch ist ein Gewohnheitstier. Fixe Strukturen und Routinen geben uns Sicherheit. Ich selbst kann ein Lied davon singen, so sehr beschäftigten mich noch so kleine Veränderungen in meinem Leben.

Spätestens ab meinem ersten Schuljahr wollte ich als Kind immer im Verein Fußball spielen. Da waren diese großen, coolen Kids, die zweimal pro Woche von ihren Eltern zum Fußballtraining gebracht wurden. Einmal pro Jahr durften sie sogar während der Unterrichtszeit gegen andere Schulen antreten und kamen dann am nächsten Tag ganz stolz mit einem großen Pokal in die Klasse. In meinem Inneren kämpfte in solchen Situationen immer der Neid gegen die Angst. Ich wollte so gerne dazugehören, hatte aber enorme Angst, tatsächlich mit dem Fußballspielen zu beginnen. Die Vorstellung, eines Tages das erste Mal beim Training zu erscheinen, bei dem alle bis auf mich wussten, was sie tun, ließ mich nicht los und bereitete mir jede Menge Sorgen.

Irgendwann kam es dann aber doch dazu, wobei ich nicht mehr genau weiß, wie und wann. Auch an das allererste Training kann ich mich nicht mehr erinnern. Jedenfalls nahm mir mein damals bester Freund zum Teil die Angst, da wir gemeinsam anfingen und ich somit nicht der einzige Neue war. Ich hatte aber auch in viel banaleren Bereichen Angst vor Veränderung. Bis ich 13 oder 14 war, fuhr ich jedes Jahr zu Schulbeginn mit meiner Mutter einkaufen. Die Lehrer hatten uns jeweils mitgeteilt, welche Hefte und sonstige Materialien wir benötigen würden, und wir Schüler schrieben alles brav auf. Anschließend machten meine Mutter und ich die entsprechenden Besorgungen. Mit dieser Prozedur verband ich immer ein seltsames, unbehagliches Gefühl. Es war der Startschuss in ein neues Schuljahr. Dabei mochte ich den Schulalltag, abgesehen von meinen Schwierigkeiten, was Hausaufgaben anbelangt, im Großen und Ganzen eigentlich gerne. Doch waren mir die Ferien doch noch etwas lieber. Wie dem auch sei kam ich sowohl während des Schuljahrs als auch in den Ferien ganz gut zurecht. Der Übergang von den Ferien zur Schule aber war immer mit Stress und Angst verbunden. Diese erste Woche, in der ich zwar in der Schule sitzen musste, aber keine Inhalte außer dem Organisatorischen vermittelt bekam, war aus schulischer Sicht mit Abstand die schlimmste Zeit des Jahres für mich. Vielleicht fragst du dich jetzt, ob ich etwa auch Angst vor dem Ferienbeginn hatte. Nun, hierauf kann ich keine eindeutige Antwort geben. Zwar freute ich mich schon immer auf die freie Zeit, die letzten Tage in der Schule hatte ich teilweise dennoch ein etwas mulmiges Gefühl, welches aber immer einen guten Schritt weit entfernt blieb von einem ängstlichen Zustand.

Wie mein eigenes Beispiel sehr gut zeigt, kann mangelndes Selbstbewusstsein dazu führen, dass wir Angst haben, nicht gut genug zu sein, um neue Situationen zu meistern. Veränderung bedeutet immer, unsere schützende Komfortzone zu verlassen, was ohne genügend Vertrauen zu sich selbst äußerst schwierig sein kann.

3.2.3 Locus of Control, Resignation und die Flucht in die Opferrolle

„Locus of Control", zu Deutsch „Kontrollüberzeugung", ist ein Begriff aus der Psychologie, welcher sich darauf bezieht, in welchem Ausmaß jemand daran glaubt, Ereignisse selbst beeinflussen bzw. zu bewirken zu können. Wenn du beispielsweise eine Prüfung mit Bestnote absolvierst und anschließend stolz auf dich und dein Können bist, so hast du eine internale Kontrollüberzeugung. Du bist der Meinung, dass du, wenn du ausreichend lernst, gute Leistungen bringen kannst. Wenn du hingegen der Ansicht bist, dass die Prüfung einfach gemacht war und du nur deshalb bestanden hast, so liegt eine externale Kontrollüberzeugung vor – deine Bemühungen haben wenig Relevanz bezüglich deines Prüfungsergebnisses, da es ohnehin nur darauf ankommt, ob der Lehrer oder Professor einen guten oder schlechten Tag beim Zusammenstellen der Prüfungsfragen erwischt.

Nun ist es so, dass ein Mangel an Selbstbewusstsein oft mit einer stark ausgeprägten externalen Kontrollüberzeugung einhergeht. Betroffene leben also im Glauben, selbst sowieso wenig bis nichts bewirken zu können. Beim Prinzip der Kontrollüberzeugung spielt es keine Rolle, ob bestimmte Ereignisse in der Realität durch das Subjekt oder externe Einflüsse bedingt sind. Es geht lediglich darum, wie das Subjekt die Situation wahrnimmt. Dadurch ergeben sich problematische Konstellationen, in denen Betroffene vieles erst gar nicht versuchen. Das Resultat – ein Zustand des Nicht-Handelns – ist das Gleiche wie bei der Angst, Fehler zu machen. Vielleicht kennst du Situationen, in denen du dich fragst, wozu du dieses oder jenes überhaupt tun solltest, wenn es sowieso nie zum gewünschten Erfolg führen wird. Dieses Wahrnehmungsproblem begleitete mich Jahre über meine Schulzeit hinaus bzw. kam erst während meines Studiums so richtig zum Vorschein. Nachdem ich mich Sommer für Sommer für verschiedenste Praktika beworben hatte und immer entweder gar keine Antwort erhalten hatte oder abgelehnt wurde, bin ich für mich selbst zu dem Schluss gekommen, dass ich gar keine Chance auf eine positive Rückmeldung habe. Ohne die richtigen Beziehungen war es wohl nicht möglich, einen anständigen Praktikumsplatz zu bekommen, dachte ich. Verstärkt wurde diese Ansicht durch den hohen emotionalen Stellenwert, den ich jenen Absagen zuteilte. Und wo immer starke Emotionen involviert sind, ist es schwer, an rationalen Fakten festzuhalten.

Folglich bewirkte diese externale Kontrollüberzeugung, dass ich mich mehr und mehr aufgab. Während ich in einem Frühling noch ein paar halbherzige Bewerbungen rausschickte, ließ ich es im Jahr darauf dann gleich ganz sein. Ich hatte, zumindest was diesen Aspekt angeht, einen Zustand der Resignation erreicht, suchte die Schuld bei anderen und sah mich selbst als Opfer. Ich entwickelte ein sogenanntes „Victim-Mindset", welches eine entscheidende Rolle bezüglich des Selbstbewusstseins spielen kann. Auf dieses „Victim-Mindset" und wie man es überwinden kann werde ich später noch ausführlicher eingehen.

3.2.4 Selbstliebe, Selbsthass, Beziehung und Partnerschaft

„Wie soll dich irgendjemand lieben, wenn du dich nicht einmal selbst liebst?" Vielleicht kommt dir dieses Sprichwort bekannt vor. Aber was ist wirklich dran an diesem Glaubenssatz? Den Grundgedanken kann ich in gewisser Art und Weise nachvollziehen. Wenn du dich nicht einmal selbst magst, wie soll dann jemand anderes auf die Idee kommen, dich zu lieben? Doch ganz so einfach ist es nicht und ich bin überzeugt davon, dass du selbst viel mehr bist als das, was du von dir selbst hältst. Und unabhängig davon, ob du dich selbst liebst oder gar hasst, kannst du für andere liebenswert sein. Nichtsdestotrotz ist es unumstritten, dass fehlende

Selbstliebe und im Extremfall Selbsthass das Leben mit einem Partner bzw. einer Partnerin deutlich erschweren können und nicht selten der Grund für eine Trennung sind.

In meiner Jugend hatte ich etwas über ein Jahr lang eine Freundin, welche an starken Selbstzweifeln litt und weder das Leben noch sich selbst schätzen konnte. Ich schreibe hier ganz bewusst „konnte", da oft ein Zusammenwirken verschiedener Faktoren, auf die Betroffene gar keinen Einfluss nehmen können, zu solch einer Situation führen. Jedenfalls hatten wir uns zu einer Zeit kennengelernt, in der sie noch weit davon entfernt war, sich selbst zu „hassen". Erste Anzeichen, dass sich die Geschichte in diese Richtung entwickeln könnte, waren aber bereits vorhanden. Wir führten lange Zeit eine relativ glückliche, unkomplizierte Beziehung. Doch ohne einen genauen Grund nennen zu können, verschlechterte sich ihre psychische Verfassung Tag für Tag. Sie fühlte sich unwohl in ihrer eigenen Welt, wollte Stress und Problemen entfliehen. Letztendlich stellte immer ich diesen Ort der Zuflucht für sie dar. Was im ersten Moment vielleicht wie eine romantische Liebesgeschichte klingen mag, war in der Realität vielmehr eine ungesunde, toxische Beziehung voller Konflikte. Ihre Ängste und Sorgen färbten auf mich ab und so sehr ich versuchte, mich ihrer anzunehmen und ihr zu helfen, war es doch aussichtslos. Egal wie sehr ich ihr klarmachte, wie wichtig sie mir und welch liebenswerter Mensch sie ist, ihre Selbstzweifel ließen nicht zu, dass sie sich selbst liebte. Infolgedessen fühlte ich mich hilflos. Nachdem ich mir sowieso schon ständig Sorgen um sie und unsere Beziehung machte, kamen mit der Zeit auch immer mehr Vorwürfe an mich selbst auf. Ich fühlte mich verantwortlich für ihr Leid, doch gleichzeitig hatte ich das Gefühl, keinerlei Kontrolle über die Situation zu haben. Schlussendlich trennten wir uns im Guten und jeder ging seinen eigenen Weg. Was im Endeffekt tatsächlich der Auslöser für diesen Schritt gewesen ist, ist schwer zu sagen. Im Nachhinein betrachtet war es aber die beste Entscheidung für uns beide. Denn obwohl ich für sie oft Zuflucht und Hoffnung bedeutete, hinderte ich sie daran, tatsächlich etwas gegen die Ursachen ihrer Situation zu unternehmen.

Ich möchte mit dieser Geschichte weder irgendjemandem Schuld zuweisen, noch möchte ich mich selbst in eine Opferrolle begeben. Ich behaupte auch keineswegs, damals alles richtig gemacht zu haben. Was ich aber verdeutlichen will, ist, dass mangelnde Selbstliebe, welche im Extremfall bis zur totalen Ablehnung von sich selbst in Form von Selbsthass führen kann, das Beziehungsleben sehr erschweren kann.

Während meine Geschichte ein sehr gravierendes Beispiel beschreibt, kann ein Mangel an Selbstbewusstsein aber auch in abgeschwächter Form zu Schwierigkeiten in einer Beziehung führen. Wenn sich die Partnerin oder der Partner etwa unwohl in ihrem oder seinem Körper fühlt und ständige Bestätigung braucht, so kann dies eine echte Belastungsprobe für die Beziehung sein. Auch in so einem Fall ist ein gewisses Gefühl von Hilflosigkeit keine Seltenheit. Denn obwohl die Partnerin bzw. der Partner ständige Bestätigung braucht, führen alle Versuche und alle Komplimente zu keinerlei Verbesserung der Situation.

3.2.5 Kontrollverlust

Gemäß der Bedürfnispyramide von Abraham Maslow ist Sicherheit nach den Grund- und Existenzbedürfnissen wie Hunger, Durst und Schlaf eines der wichtigsten menschlichen Bedürfnisse. Erst wenn wir Menschen uns in Sicherheit fühlen, verspüren wir Sozial- und Individualbedürfnisse nach Freundschaft, Familie, sozialem Status oder Anerkennung. Umso einschränkender kann es sein, an Angst vor einem möglichen Kontrollverlust zu leiden. Diese Angst kann durch ein geringes Maß an Selbstbewusstsein hervorgerufen oder verstärkt werden. Ein grundlegendes Verlangen nach Sicherheit sowie eine gewisse Dosis Angst sind völlig „normal", menschlich, gesund und notwendig. Bei zu starker Ausprägung wird es jedoch problematisch – im Extremfall ist mit einer Angst- oder Zwangsstörung zu rechnen. Aber keine Sorge! Selbst wenn du unter einem massiven Mangel an Selbstbewusstsein leidest und Kontrollverlust ein dir bestens vertrauter Begriff ist, so heißt das nicht, dass du mit Sicherheit eine psychische Erkrankung entwickelst. Deine Chancen dahingehend sind sogar relativ gering. Nichtsdestotrotz besteht leider diese Möglichkeit und du solltest insbesondere für den Fall, dass du eine Verschlechterung deiner Situation bemerkst, genau auf deine Gefühle und darauf, wie du die Welt um dich herum wahrnimmst, achten.

3.2.6 Abhängigkeit

Ein Mangel an Selbstbewusstsein geht häufig damit einher, dass sich Betroffene in reale oder aber fiktive Abhängigkeitsverhältnisse begeben. Auch hier spielt es zunächst einmal keine Rolle, ob eine scheinbare Abhängigkeit in der Wirklichkeit existiert oder lediglich in der Wahrnehmung des Betroffenen. Wenn es später darum geht, Schritte aus einer Abhängigkeit heraus zu unternehmen, muss aber sehr wohl analysiert werden, wie die Situation tatsächlich ist. Bezüglich der unmittelbaren Konsequenzen können wir auf diese Unterscheidung vorerst jedoch verzichten.

Wie kann so ein Abhängigkeitsverhältnis überhaupt aussehen? Grundsätzlich können viele verschiedene Bereiche des Lebens davon betroffen sein. Ein klassisches Beispiel wäre etwa, wenn sich jüngere Geschwister einem älteren Bruder oder einer älteren Schwester unterordnen und der Ansicht sind, sie seien viel schlechter in diesem oder jenem. Diese Einstellung führt dann oft dazu, dass sich Betroffene gewissen Herausforderungen gar nicht mehr stellen und stattdessen direkt den Bruder oder die Schwester zur Hilfe holen – bedingt durch ihr Selbstbild, welches ihnen sagt, sie könnten es sowieso nicht allein schaffen. Je früher sich solch eine Situation entwickelt, desto höher ist die Gefahr, dass sich diese Abhängigkeit mehr und mehr in eine tatsächliche Differenz von Kompetenzen entwickelt. Wenn der große Bruder eh immer alles für mich macht, warum sollte ich dann überhaupt lernen, wie ich es allein tun kann? Und außerdem, würde ich jetzt erst anfangen, dann bräuchte ich doch ewig, ehe ich so gut bin, wie er – wobei ich vielleicht sowieso niemals so gut wie er werden würde. Vielleicht kommen dir solche oder ähnliche Gedanken bekannt vor. So ein Fall einer Abhängigkeit ist ein gutes Beispiel dafür, wie Erlebnisse aus der Kindheit weitreichende Konsequenzen für das spätere Leben haben können und direkten Einfluss auf die Bildung des Selbstbewusstseins nehmen.

Mit Blick auf den Arbeitsalltag kann das bedeuten, dass sich Betroffene nicht zutrauen, gewisse Aufgaben selbstständig zu absolvieren, obwohl sie problemlos in der Lage dazu wären. Wenn beispielsweise Dinge zu erledigen sind, die auch nur leicht vom sonst repetitiven Arbeitsalltag abweichen, oder etwa unerwartete Schwierigkeiten beim Abarbeiten von Routinetätigkeiten auftreten, so haben Betroffene oft nicht den Mut und das Vertrauen, sich dieser Dinge anzunehmen. Stattdessen wird direkt die oder der Vorgesetzte um Hilfe gebeten. Im Nachhinein zeigt sich dann häufig, dass es eigentlich überhaupt kein Problem gewesen wäre, die Herausforderung selbstständig zu meistern. Die oder der Betroffene hätte das Problem einfach nur genau analysieren müssen, was aufgrund mangelnden Selbstvertrauens aber gar nicht erst passiert ist.

Besonders emotional belastend wird die Situation bezüglich Partnerschaft und Beziehung. Wenn du dein Glück maßgeblich von einer Person abhängig machst, so sind enorme Schwierigkeiten vorprogrammiert. Eigentlich unbedeutende, „normale“ Enttäuschungen – vielleicht eine unerwartete Absage oder eine Meinungsänderung – können dann großes emotionales Leid verursachen. Als ich 18 war, hatte ich ein Mädchen kennengelernt, welches ich vom ersten Moment an bewunderte.

Zu meinem großen Glück ließ sie sich auf ein Date mit mir ein. Aus einem Date wurden zwei, dann drei und dann vier. Das Ganze war während der Sommerferien und ich hatte jede Menge freie Zeit. Mein Fokus lag für einige Wochen beinahe ausschließlich darauf, mich mit diesem Mädchen zu treffen. Und wenn wir uns gerade nicht sahen, verbrachte ich meinen Alltag damit, zu hoffen, wir würden uns bald wiedersehen. Wir trafen uns alle paar Tage und unternahmen die unterschiedlichsten Dinge. Doch dann sagte sie einmal kurzfristig ab. Eine Situation, mit der ich im Moment absolut überfordert war. Zunächst stellte sich ein Gefühl von großer Enttäuschung gemischt mit Wut ein. Ich wollte nicht einsehen, dass sie nichts mit mir unternehmen wollte und noch dazu so kurzfristig absagte, sodass ich auch keine anderen Pläne mehr schmieden konnte. Ich war verärgert, dass sie so achtlos mit mir umging. Kurze Zeit später aber machte meine Sicht auf die Dinge eine 180-Grad-Wendung. Statt Enttäuschung und Wut kamen erdrückende Selbstzweifel auf: Ich wäre nicht gut genug, ich würde sie langweilen und ich hätte mich falsch verhalten. Sogar mein anfängliches Gefühl der Enttäuschung stufte ich jetzt als falsch und beinahe bösartig ihr gegenüber ein.

Mein Gehirn speicherte aufgrund dieses Erlebnisses die entsprechenden Reaktionen ab. Als das Mädchen dann einige Zeit später ein weiteres Treffen absagte, waren die Selbstzweifel umso präsenter, obwohl es diesmal weit weniger kurzfristig war. Letztlich kamen wir nicht über die Kennenlernphase hinaus und unsere Wege trennten sich wieder, was wenig verwunderlich ist. Ich hatte mein Glück, meine Freude am Leben, zum großen Teil von einer Person abhängig gemacht.

Dabei sollte eine Beziehung im Idealfall das Glück zweier erfüllter Menschen multiplizieren und nicht die innere Leere einer Person oder beider Personen füllen, wie ich es in meinem Fall versuchte. Nur, wenn du mit dir im Reinen bist und auch allein klarkommst, kann eine glückliche Beziehung auf lange Sicht funktionieren.

3.2.7 Angst vor Abweisung und negativen Reaktionen

Wenn wir uns Gedanken darüber machen, welchen Eindruck wir bei anderen Menschen hinterlassen, so ist das ganz normal. Als soziale Wesen ist eines unserer wichtigsten Bedürfnisse, mit anderen in Kontakt zu stehen, und selbstverständlich ist es uns dabei wichtig, wie wir wahrgenommen werden. Wenn diese Gedanken aber in stark ausgeprägter Form zu einem ständigen Begleiter im Alltag werden, kann dies negative Folgen mit sich bringen. Vielleicht kennst du das Gefühl einer andauernden, erdrückenden Angst davor, was andere über dich denken. Die ständige Sorge, du könntest zurück- oder abgewiesen werden, wenn du deine eigene Meinung aussprichst. Was wird mein Vorgesetzter nur über mich denken? Werde ich wie ein Krimineller aussehen, wenn ich, ohne etwas zu kaufen, den Laden wieder verlasse? Wird sie oder er enttäuscht von mir sein, wenn ich das Treffen doch wieder absage?

Grundsätzlich versteht man unter der Angst vor Ablehnung bzw. Abweisung die Angst davor, dass andere unser Aussehen, Auftreten, das, was wir sagen, oder im schlimmsten Fall sogar rein unsere Existenz als negativ bewerten. In der Folge plagen Betroffene ständige Zweifel und Sorgen darum, dass ihre Handlungen von anderen negativ wahrgenommen werden könnten.

Wie eben erwähnt, ist es an sich ganz normal, dass wir darauf Wert legen, bei anderen gut anzukommen. Aus zweierlei Gründen kann dieses Verhalten aber problematisch werden: Zum einen immer dann, wenn wir übermäßig viel Zeit oder Energie investieren, nur um anderen zu gefallen. Zum anderen, wenn wir ständig die Befürchtung bzw. das Gefühl haben, andere würden negative Dinge über uns denken, obwohl dem gar nicht so ist. In diesem Fall würde das Gefühl – die Angst – in keiner adäquaten Relation zur realen Situation stehen. Meistens bedingen sich diese zwei Fälle gegenseitig: Aus Angst, soziale Abweisung zu erfahren, achten wir ständig bzw. zu sehr darauf, wie wir bei anderen ankommen, um keine Abweisung zu erfahren.

Infolgedessen fällt es Betroffenen schwer, ihre Meinung in einer Gruppe zu sagen und interessante, eventuell erfüllende Gespräche kommen erst gar nicht zustande. Denn warum sollte ich sie oder ihn ansprechen? Die Angst vor einer Abweisung, egal wie wahrscheinlich oder unwahrscheinlich solch eine negative Reaktion im konkreten Fall tatsächlich ist, wird die Chance auf einen positiven sozialen Austausch immer überschatten. Wenn ich sie oder ihn jetzt anspreche und daraufhin abgewiesen werde, so ist der Tag für mich gelaufen. Wenn dir solche Gedanken bekannt vorkommen, so kann ich dich erst einmal beruhigen – du bist damit keinesfalls allein. Aber was ist eigentlich so schlimm daran, abgewiesen zu werden? Woher kommt diese scheinbar immer präsente Bedrohung?

Wie so oft sind die Hintergründe hierfür in unserer frühen Kindheit zu finden. Denn damals stellte die Ablehnung seitens unserer Eltern bzw. Erziehungspersonen eine tatsächliche Bedrohung dar. Wir waren von ihnen und ihren Launen abhängig, da wir allein nicht überlebensfähig gewesen wären. Im Normalfall wird diese Abhängigkeit im Laufe des Lebens immer geringer, bis wir irgendwann einen Punkt der Unabhängigkeit erreichen. Für Erwachsene stellt eine abweisende Reaktion einer oder auch mehrerer Personen keine lebensbedrohende Situation dar. Ein Mangel an Selbstbewusstsein kann aber dazu führen, dass trotz dieser Unabhängigkeit die Angst vor Abweisung erhalten blieb und womöglich Jahr für Jahr sogar noch stärker wurde. Diese Angst steht also in keinerlei adäquatem Verhältnis zur tatsächlichen Bedrohung. Unser Gehirn kann aber nicht zwischen Angst mit und Angst ohne Bedrohung unterscheiden. Die Auswirkungen sind letztlich dieselben.

Die ständigen Sorgen und Zweifel führen dazu, dass Betroffene sozialen Situationen immer mit dieser Angst im Hinterkopf begegnen – sei es bewusst oder unterbewusst. Dadurch fällt es schwer, den Augenblick zu genießen. Nehmen wir das Beispiel einer Party. Wenn du dich den ganzen Abend über krampfhaft darauf konzentrierst, wie du dich verhältst und wie dies auf andere wirken könnte, so hat das zweierlei Folgen: Einerseits wird sich der Spaß in Grenzen halten und dir wird es kaum gelingen, den Abend wirklich zu genießen. Andererseits wirkst du womöglich nervös, unnatürlich, gelangweilt oder gar desinteressiert – und hinterlässt am Ende erst recht einen seltsamen Eindruck auf andere, wobei du ja genau das um jeden Preis vermeiden wolltest. So bist du gefangen in einem Teufelskreis. Darüber hinaus verpasst du es, neue Leute kennenzulernen, weil du es nicht wagst, deine Komfortzone zu verlassen. Dabei können wir nur außerhalb unserer Komfortzone über uns selbst hinauswachsen.

3.2.8 Unbehagen in der Öffentlichkeit

Neben der Angst vor sozialer Abweisung kann auch noch ein generelles Unbehagen in der Öffentlichkeit aufkommen. Zum einen natürlich auf diversen Events, Partys, in der Disco oder im Club. Überall wo es potenziell oder zwingend zu sozialer Interaktion kommt, kann ein Mangel an Selbstbewusstsein solch ein unbehagliches, erdrückendes Gefühl hervorrufen. Besonders problematisch wird es zumeist dann, wenn kein direkter Fluchtweg aus der entsprechenden Situation heraus ersichtlich scheint. Ein klassisches Beispiel hierfür sind öffentliche Verkehrsmittel wie U-Bahnen oder Busse. Für den Fall, dass vermehrt Ängste und Selbstzweifel aufkommen, kannst du der Situation in diesem Moment nicht sofort aus dem Weg gehen. Im Extremfall spricht man von einer „Agoraphobie", Betroffene reagieren auf bestimmte Situationen oft mit Schweißausbrüchen und Panikattacken.

Natürlich ist ein Mangel an Selbstbewusstsein nicht mit einer ausgeprägten Agoraphobie gleichzusetzen und führt auch nicht zwingend zur Entstehung jener. Je nach Stärke des Unbehagens und der Bewältigungsstrategie von Betroffenen kann es aber zu einem Vermeidungsverhalten kommen. Fahrten mit Bus oder Bahn werden so weit wie möglich vermieden. Gleiches gilt für Partys, Discobesuche und andere soziale Events. Grundsätzlich können wir alle frei entscheiden, wie wir unsere Zeit verbringen möchten und ob wir dies oder jenes tun oder lieber sein lassen. Wenn du anstelle des Busses lieber dein Fahrrad zur Fortbewegung benutzt, schadest du weder anderen noch dir selbst. Wenn du lieber allein zu Hause bleibst, während deine Freunde eine Party schmeißen, so schadet auch dies grundsätzlich weder anderen noch dir selbst. Unter gewissen Umständen kann es aber sehr wohl der Fall sein, dass diese von dir selbst bzw. von deiner Angst auferlegten Einschränkungen negative Folgen mit sich bringen.

Angenommen, du fährst täglich mit dem Fahrrad zur Schule, Uni oder Arbeit. Das machst du so das ganze Jahr über. Die Alternative wäre, den Bus oder die Bahn zu benutzen. Darauf verzichtest du aber vollständig, da du dich dort mit großen Menschenmengen konfrontiert sehen würdest, was wiederum ein Unbehagen hervorrufen würde. Du fühlst dich durch deine Entscheidung und diesen Verzicht nicht eingeschränkt, sondern schätzt vielmehr die positiven Aspekte – du umgehst eine für dich belastende Situation und tust gleichzeitig noch etwas Gutes für deinen Körper und die Umwelt. Doch eines Tages – du bist spät dran und übermüdet – machst du dich im strömenden Regen auf den Weg. Und den gesamten Weg über bereust du, dass du nicht einfach den Bus genommen hast. Gleichzeitig weißt du aber, dass du den Bus nicht nehmen konntest, weil du dort von Menschen umgeben gewesen wärst. Jetzt hättest du einen Punkt erreicht, wo dich die negativen Auswirkungen solch eines Vermeidungsverhaltens eingeholt haben. Ähnliches gilt für einen Discobesuch. Sofern du den Abend zufrieden zu Hause verbringst, während deine Freunde feiern gehen, ist dem nichts entgegenzusetzen. Wenn du aber ständig das Gefühl hast, du verpasst etwas und dir eigentlich wünschst, du könntest auch dabei sein, ist eine strikte Selbsteinschränkung nicht die beste Lösung.

3.2.9 Angst, im Mittelpunkt zu stehen

Was für manche Spaß und Bestätigung bedeutet, ist für viele Menschen ohne ausreichend Selbstbewusstsein die Hölle: Eine Präsentation zu halten, ein Bewerbungsgespräch zu führen, auf einer Party im Mittelpunkt zu stehen. Das Zentrum der Aufmerksamkeit zu sein, kann mit jeder Menge Angst, Stress und Selbstzweifeln einhergehen.

Ein wenig Nervosität vor einer Präsentation, einer wichtigen Prüfung oder einem bedeutenden Gespräch ist völlig normal. Ich spreche in diesem Zusammenhang gerne vom sogenannten „gesunden Respekt“. Wir stellen uns bewusst und unterbewusst darauf ein, dass wir in der nahen Zukunft eine Leistung in irgendeiner Form erbringen müssen, welche eine gewisse Bedeutung für unser weiteres Leben hat. Körper und Geist reagieren darauf und wir nehmen die bevorstehende Situation ernst. Natürlich ist es so, dass dieser „gesunde Respekt“, welcher dazu führt, dass Stresshormone ausgeschüttet werden, von Person zu Person unterschiedlich stark ausgeprägt ist. Während manche Menschen keinerlei Probleme damit haben, eine Präsentation zu halten und sich unter Umständen sogar darauf freuen, widmen andere die Tage davor rein diesem Thema, aus Sorge, nicht gut genug vorbereitet zu sein.

Ab einem gewissen Stresslevel, welches von Mensch zu Mensch unterschiedlich sein kann, und abhängig davon ist, wie gut jemand mit der Situation umzugehen weiß, kann anstelle dieses „Respekts“ eine lähmende Angst eintreten. Termine und Deadlines werden dann oft zum Problem und Verpflichtungen immer weiter aufgeschoben. Im Endeffekt führt dies aber meistens dazu, dass die Angst nur noch größer wird.

3.2.10 Unsicherheit in Gesprächen

Viele Menschen mit mangelndem Selbstbewusstsein haben große Probleme damit, Gespräche, insbesondere mit fremden Personen, zu führen. Sie fühlen sich unsicher und wissen nicht, wie sie mit der Situation umgehen sollen. Vielleicht kennst du dieses Gefühl. Du bist auf einer Party und würdest eigentlich gerne mit jemandem ins Gespräch kommen. Doch egal wie lange du überlegst, du bist unsicher, wie und worüber du sprechen sollst.

Ich selbst hatte solche Schwierigkeiten immer dann, wenn es zum Smalltalk kam. Einerseits hielt ich ohnehin nicht viel davon, meine Zeit damit zu verbringen, irgendwelche belanglosen Themen zu diskutieren. Andererseits war ich mir generell immer unsicher, was ich sagen soll, und projizierte gleichzeitig meine eigene Wahrnehmung der Situation auf mein Gegenüber – ich hatte immer Angst, die andere Person wäre gelangweilt.

Die Folge davon war, dass ich eine Kontaktaufnahme häufig gänzlich vermied. Während das im privaten Bereich emotional sehr belastend sein kann, kommt im Berufsleben noch eine weitere Komponente hinzu. Denn wenn du unsicher im Umgang mit Kunden oder Mitarbeitern bist, so hast du in einer Vielzahl von Berufen schlechtere Chancen als deine Mitbewerber. Darüber hinaus würdest du dich in einer Position, in der du viel Kontakt zu anderen hast, vermutlich auch gar nicht wohlfühlen.

3.2.11 Harmoniesucht und Konflikte vermeiden

Frieden und Harmonie sind erstrebenswerte Zustände in zwischenmenschlichen Beziehungen. Wir alle haben das Bedürfnis, mit gewissen Personen gut auszukommen und schöne Momente zu erleben. Ein Mangel an Selbstbewusstsein kann aber dazu führen, dass wir immer mehr und mehr Harmonie wollen – auf Kosten unserer eigenen Bedürfnisse. Man spricht dann von einer sogenannten „Harmoniesucht". Wenn du lieber gar nichts sagst, um nicht das Falsche zu sagen und dein Gegenüber zu verletzen, so kann das in einzelnen Situationen die beste Entscheidung sein. Wenn solch ein Verhalten aber zur Gewohnheit, zum Handlungsstandard wird, bleiben du und deine eigenen Bedürfnisse und Wünsche auf der Strecke. Durch diese selbstauferlegte Blockade kann sich im schlimmsten Fall ein Zustand einstellen, in dem Betroffene das Gefühl haben, sie leben gar nicht ihr eigenes, sondern ein fremdes Leben. Alles, was sie tun, und alles, was sie nicht tun, dient nicht dem Zweck, ihren eigenen Vorstellungen zu entsprechen. Es dient vielmehr der Absicht, gewisse Personen nicht zu enttäuschen.

Zu diesen Personen zählen oft die eigenen Eltern. Unter Umständen auch die Geschwister oder andere Verwandte. Ein klassisches Beispiel: Jemand wird in eine Familie hineingeboren, in der in den letzten Generationen nie jemand an einer Universität oder anderen Hochschule studiert hat. Zudem gilt das ungeschriebene Gesetz, dass man nach der Schule eine Ausbildung beginnt und direkt ins Berufsleben einsteigt. Wenn jetzt plötzlich der Wunsch besteht, als Erste oder Erster der Familie mit dieser Tradition zu brechen und sehr wohl studieren zu gehen, so ist dies kein leichter Schritt, insbesondere dann nicht, wenn keine Unterstützung oder gar Ablehnung seitens der Eltern kommt. Dieser Schritt kostet Überwindung, Mut und Selbstvertrauen. Ein Mangel davon kann dazu führen, dass man gar nicht erst auf die Idee kommt, seinen eigenen Weg zu gehen.

Auch in umgekehrter Variante zeigt sich ein ähnliches Bild, wovon ich selbst berichten kann. Und zwar war es in meinem Fall so, dass sowohl mein Vater als auch meine Mutter einen Universitätsabschluss gemacht haben. Mein älterer Bruder war von jeher überzeugt davon, auch studieren zu gehen. Die Möglichkeit, es nicht zu tun, schien in gewisser Weise überhaupt nicht gangbar für mich. Diese Leute, mit denen ich früher noch im Kindergarten und später in der Grundschule gewesen war, mit denen ich zusammen Fußball gespielt hatte, wollten jetzt allen Ernstes eine

Ausbildung beginnen? Ich hatte das Gefühl, diese Menschen würden in einer Parallelwelt leben, so fremd erschien mir jene Entscheidung. Dabei kam seitens meiner Familie niemals Druck, ich müsste studieren gehen. Dieser Druck kam rein aus meinem Inneren, bedingt durch zu wenig Selbstbewusstsein. Eine andere Option, als die, Jahre an einer Universität zu verbringen, gab es in meinem Leben nicht. Zu meinem großen Glück jedoch war ich sowohl damals als auch heute grundsätzlich zufrieden mit dieser Entscheidung. Nichtsdestotrotz wäre ich im Fall der Fälle vermutlich nicht in der Lage gewesen, mich meinen Eltern anzuvertrauen und meine eigenen Wünsche für meinen weiteren Lebensweg zu äußern.

Ein weiteres klassisches Beispiel wäre eine Beziehung, in der ein oder auch beide Partner Schwierigkeiten haben, dem anderen zu widersprechen bzw. ihre eigenen Bedürfnisse aufzuzeigen. Dabei ist es gerade in einer Beziehung enorm wichtig, dass sich beide Partner wohlfühlen. Ansonsten wird es früher oder später unausweichlich zu Konflikten oder zum Rückzug des entsprechenden Partners kommen – was absolut nachvollziehbar ist. Denn durch nicht erfüllte Bedürfnisse oder das kontinuierliche Überschreiten von Grenzen entsteht Stress, der auf irgendeine Art und Weise abgebaut werden muss.

Aber was bedingt diese Harmoniesucht? Warum glauben wir, wir müssen den Erwartungen anderer entsprechen? Ganz grundsätzlich geht es auch hier zunächst wieder um das Gefühl, nicht gut genug zu sein. Nicht gut genug und nicht wertvoll genug zu sein, um seinen eigenen Weg zu gehen und sein Leben gemäß den eigenen Bedürfnissen zu gestalten. Stattdessen verankert sich der Glaubenssatz, man müsse möglichst viel dafür tun, gewisse Menschen nicht zu enttäuschen. Ob wir bedingt dadurch unsere eigenen Grenzen und Bedürfnisse gar nicht erst kennen lernen oder bewusst bzw. unterbewusst unterdrücken, spielt im Endeffekt kaum eine Rolle hinsichtlich der Auswirkungen. Wenn es darum geht, diese

Harmoniesucht zu überwinden, ist es sehr wohl wichtig, zu erkennen, wo man steht.

3.2.12 Negatives Selbstbild

Neben all diesen mehr oder weniger spezifischen Auswirkungen von mangelndem Selbstbewusstsein zeigt sich ein negatives Selbstbild in den allermeisten Fällen natürlich auch auf einer generellen Ebene. Dieses Selbstbild kann sich beispielsweise im Hinblick auf den eigenen Körper zeigen. Betroffene finden ständig Stellen an sich, die sie als unästhetisch oder unnormal erachten, und kritisieren diese. Ein anderes Beispiel wäre der eigene Lebensweg. Das Gefühl, zu wenig oder gar nichts erreicht zu haben, und der Glaube, seine Ziele auch niemals erreichen zu können, sind ein typisches Beispiel für solch ein negatives Selbstbild.

Wenn du ein negatives Selbstbild hast, so ziehst du dich ständig selbst hinunter. Dadurch verminderst du gleichzeitig dein Selbstvertrauen und es entsteht ein Teufelskreis.

"A flower does not think of competing to the flower next to it. It just blooms."

Zen Shin

4

Was zeichnet selbstbewusste Menschen aus?

Nachdem die Ursachen und Auswirkungen geklärt sind, können wir jetzt darauf eingehen, was selbstbewusste Menschen eigentlich auszeichnet und von weniger selbstbewussten Personen unterscheidet.

4.1 Körpersprache und Ausstrahlung

Wenn wir jemand Neues treffen, so bilden wir uns innerhalb der ersten sieben Sekunden einen ersten Eindruck von dieser Person – oft braucht es dafür sogar nur Bruchteile einer Sekunde. Und gerade der erste Eindruck ist so wichtig. Unser Gehirn ordnet unserem Gegenüber schnellstmöglich verschiedene Eigenschaften zu, welche als Basis für unser weiteres Handeln fungieren. Evolutionstechnisch war dies ein wichtiger Faktor im ständigen Kampf ums Überleben. Die Entscheidung zwischen Freund und Feind musste schnell fallen, sonst drohte der Tod. Das Heimtückische daran ist, dass dieser erste Eindruck eine große Kraft insbesondere im Falle eines negativen ersten Eindrucks hat. Wenn dein Gehirn also erstmal jemandem negative Attribute zugeordnet hat, wird es sehr schwer werden, diesen negativen Ersteindruck zu revidieren. Selbst, wenn du dich anschließend lange mit jener Person unterhältst und ihr auf einer Wellenlänge seid, so wird der „schlechte“ erste Eindruck dein Gesamtbild in den meisten Fällen dennoch verfälschen. Umso wichtiger ist es, einen guten ersten Eindruck zu hinterlassen – egal ob im privaten oder professionellen Bereich. Unsere optische Erscheinung spielt hier natürlich eine ganz große Rolle. Unterteilt in zwei Faktoren setzt sich jene aus unserem Aussehen und unserem Auftreten zusammen.

Beginnen wir mit unserem Aussehen. Sehen selbstbewusste Menschen besser aus? Natürlich nicht. Unser Aussehen ist zum großen Teil vorbestimmt. Nichtsdestotrotz können wir durch Sport und unseren Lebensstil gewissen Einfluss auf unseren Körper nehmen. Darüber hinaus kommt es natürlich auch stark auf den Kleidungsstil und die Frisur an. Bei all diesen Aspekten ist es aber vor allem wichtig, dass du dich wohlfühlst und mit dir selbst im Reinen bist. Wenn du also beispielsweise einen durchschnittlichen Körperbau hast, mit dem du vollkommen zufrieden bist, so wirst du einen besseren Eindruck hinterlassen als ein Bodybuilder, der sich nichts sehnlicher wünscht, als seinen alten Körper zurück zu haben. Ähnliches gilt für Kleidung. Klar kann es schön sein, im Alltag beispielsweise einen Anzug oder ein Kleid zu tragen. Wenn du dich darin aber schlicht und einfach nicht wohlfühlst, so strahlst du das auch aus.

Körpersprache hingegen kann erlernt, verändert und trainiert werden, wobei eine grundlegende Akzeptanz dem eigenen Körper gegenüber notwendig ist. Selbstbewusste Menschen weisen eine selbstbewusste Körpersprache auf. Sie haben ihren Körper unter Kontrolle, ohne sich aktiv darauf fokussieren zu müssen, und treten überzeugt und entschlossen auf. Einem guten ersten Eindruck steht somit nichts mehr im Weg.

4.2 Selbstsicherheit, positives Selbstbild, soziales Selbstbewusstsein

Des Weiteren sind selbstbewusste Menschen mehr auf sich selbst fokussiert. Damit sind aber keine negativen Eigenschaften wie Egoismus, Narzissmus oder Arroganz gemeint, sondern vielmehr ein positives Selbstbild. Sie stehen im Einklang mit sich selbst, vertrauen auf ihre Fähigkeiten, ihre Persönlichkeit und ihren Wert und machen sich dadurch emotional weniger bis gar nicht abhängig von anderen. Sie setzen sich selbst nicht so sehr in Relation zu anderen, weil sie ihren Sinn im Leben nicht darin sehen, besser als andere zu sein. Infolgedessen urteilen sie weniger schnell über andere. Sie stehen zu sich selbst und allem, was dazu gehört. Dadurch sind selbstbewusste Menschen auch weit weniger empfindlich, was Urteile von anderen angeht. Ich selbst legte früher beispielsweise enorm viel Wert darauf, was andere über mich denken bzw. sagen. Gleichzeitig brauchte ich Bestätigung von außen, um mich gut zu fühlen. Wenn ich dann aber über einen längeren Zeitraum zu viel negatives Feedback bekam, hatte ich starke Selbstzweifel, hinterfragte alles an mir selbst und zog mich zurück. Teilweise endete dies in sozialer Isolation. Wann immer möglich vermied ich jeglichen Kontakt mit anderen Menschen. Und so konditionierte ich mein Gehirn immer weiter und verfiel in gefährliche Verhaltensmuster. Natürlich kann solch ein sozialer Rückzug – das Resultat eines natürlichen Schutzmechanismus unseres Gehirns – in gewissen Situationen vorteilhaft sein, um den Leidensdruck zu mindern. Auf kurze Zeit tat mir das auch gut. Wenn es aber auf längere Sicht nicht gelingt, solchen Verhaltensmustern zu entkommen, so wird der einst wohltuende Rückzug nicht mehr die erhoffte Entspannung bringen und stattdessen zu noch mehr Zweifeln und Ängsten führen, aus denen in diesem Moment oft kein direkter Ausweg ersichtlich scheint.

Heute hingegen kann ich guten Gewissens behaupten, über ein gesundes Maß an Selbstwertgefühl zu verfügen. Und ebendies ermöglicht mir, negatives Feedback von anderen mit Leichtigkeit zu verarbeiten. Wenn mir jemand klarmacht oder ich über Umwege erfahre, ich sei seltsam, arrogant oder was auch immer, so nehme ich dieses Feedback zwar an, lasse es aber nicht an meinen Selbstwert herankommen. Sofern ich die Energie dafür aufbringen möchte, überlege ich mir stattdessen, woran es liegen könnte, dass ich solch einen Eindruck auf andere gemacht habe. Vielleicht liegt es gar nicht an mir, sondern die entsprechende Person ist viel eher mit sich selbst nicht im Reinen und urteilt deswegen schlecht über andere. Vielleicht hatte sie oder er auch einfach nur einen schlechten Tag. Oder hatte etwa doch ich einen schlechten Tag und gab es eine Situation, in der ich mich unfair bzw. unangebracht verhalten habe? Unabhängig vom Ergebnis dieser Gedanken lasse ich diese Kritik aber niemals an mein inneres Ich heran – mein Selbstbewusstsein wirkt wie eine schützende Hülle gegen negative Einflüsse von außen.

Selbstbewussten Menschen fällt es dadurch oft leichter, positiv auf andere zuzugehen. Eigeninitiative, Freundlichkeit und Offenheit sind Aspekte von Selbstbewusstsein. Ebenfalls gehört es auch dazu, seine Meinung klar zu äußern und anderen respektvoll zu widersprechen. Sei es in einer sachlichen Diskussion, im Berufsalltag oder unter Freunden. Ein klares „Nein“ braucht oft Überwindung und Mut, kann aber enorm viel Kraft mit sich bringen.

4.3 Wie denken selbstbewusste Menschen über Vergangenheit und Zukunft?

Wahrscheinlich kennst du Situationen, in denen du dich durch einen ganz spezifischen Geruch, ein Lied oder einen Ort an einen bestimmten Moment zurückerinnerst, welcher in deinem Gedächtnis längst nicht mehr präsent war. Aber plötzlich fühlst du dich wie in die Zeit zurückversetzt und wünschst dir für einen Augenblick nichts mehr, als diesen Moment noch einmal zu erleben. Aber das, was diese Erinnerung und unser gesamtes Leben so besonders macht, ist diese Nichtwiederholbarkeit.

Nehmen wir an, dir würde eine Zeitmaschine zur Verfügung gestellt werden, welche es dir erlaubt, so oft du willst und wann du willst in die Vergangenheit zurückzukehren. Würdest du diese benutzen, um eine außerordentlich schöne Erinnerung ein zweites Mal zu durchleben? Wie würde sich dieser eine Moment anfühlen, wenn du ihm seine Einzigartigkeit nimmst? Gut? Sehr gut? Genau wie beim ersten Mal? Etwas weniger intensiv als damals? Und was wäre beim dritten, vierten oder fünften Mal? Nach einer gewissen Anzahl an Wiederholungen würde dieser eine Moment zur Normalität werden. Die Vorstellung, dass jenes Ereignis einst solch intensive Gefühle der Nostalgie in dir auslöste, wirkt nun fremd und seltsam.

Anhand dieses Gedankenexperiments möchte ich dir verdeutlichen, wie glücklich wir uns eigentlich schätzen können, dass unsere Zeit stets vorwärts verläuft und einmal Vergangenes für immer in der Vergangenheit bleibt. Nur so haben besondere Ereignisse auf unserem Lebensweg jene Bedeutung, die wir ihnen zuordnen. Aus dieser Perspektive ist das Gefühl von Nostalgie eigentlich ein trügerisches Konzept.

Bevor wir aber an dieser Stelle weitermachen, müssen wir zunächst einmal den Begriff „Nostalgie“ klären. Unter Nostalgie versteht man die sehnsuchtsvolle Hinwendung zu vergangenen Ereignissen, Epochen oder Zeiten, häufig ausgelöst bzw. verbunden mit einem Unbehagen bezüglich der Gegenwart. Nostalgie kann hierbei sowohl auf gesellschaftlicher Ebene stattfinden – beispielsweise die Verherrlichung der vorindustriellen Zeit – als auch auf das persönliche Leben. Ein Beispiel hierfür wäre das Festhalten an der eigenen Kindheit, wovon ich selbst betroffen war.

Aber warum handelt es sich bei Nostalgie um ein trügerisches Konzept? Das Grundprinzip besteht daraus, dass wir der Vergangenheit einen emotional höheren Stellenwert als der Gegenwart zuschreiben und uns in gewisser Art und Weise in diese Zeit zurückwünschen. Dabei besteht der Reiz an der Vergangenheit zum Teil – zu einem sehr großen Teil – darin, dass wir jene Momente und Erinnerungen nie wieder erleben können. Ein Bruch mit diesem Prinzip würde, wie anhand unseres Beispiels mit der Zeitmaschine ersichtlich, der Vergangenheit ihren hohen Stellenwert nehmen. Folglich wäre auch die Sehnsucht nach der Vergangenheit nur noch in abgeschwächter Form oder eventuell gar nicht mehr vorhanden.

Ich selbst hatte mein halbes Leben mit einem problematischen Level an Nostalgie zu kämpfen. Besonders sehnsüchtige Erinnerungen an meine Kindheit und frühe Jugend waren es, die mich davon abhielten, der Gegenwart und vor allem meiner Zukunft die nötige Aufmerksamkeit zu schenken. Dabei kann all unser Handeln nur unsere Gegenwart und Zukunft beeinflussen. Während ich selbst mehr an positiven Erinnerungen festhielt, haben viele Menschen Schwierigkeiten damit, negative, im schlimmsten Fall traumatische Ereignisse loszulassen. In beiden Fällen liegt eine problematische Beziehung zwischen Vergangenem und Gegenwärtigem vor.

Darüber hinaus gibt es Menschen, welche zwar nicht „in der Vergangenheit" leben, dafür aber zu sehr „in der Zukunft". Im Nachhinein betrachtet würde ich von mir behaupten, einen Großteil meines Lebens zu jenen Personen dazugezählt zu haben. Natürlich lebte ich nicht tatsächlich in der Zukunft, brachte aber sehr viel Zeit und Energie dafür auf, mich mit Zukünftigem zu beschäftigen. Ich malte mir ständig aus, wie mein Leben, die Welt, meine Familie, meine Freunde und so viel mehr in fünf

Jahren aussehen würden. Und was wird in zehn Jahren sein? Werde ich eines Tages die Welt bereisen? Werde ich genug Geld verdienen und im nächsten Jahr umziehen?

Ich machte mir viel zu viele Gedanken darüber, was einmal sein könnte bzw. wie mein zukünftiges Leben aussehen sollte. Zwar ist es definitiv wichtig, sich Ziele – sowohl kurz-, mittel- als auch langfristige – zu setzen, anschließend sollte man seinen Fokus aber dem Hier und Jetzt widmen und nach Wegen und Möglichkeiten suchen, jene Ziele auch zu erreichen. Natürlich ist es schön, zu träumen und sich vorzustellen, wie es einmal sein könnte. Zu träumen kann uns für einen Moment unsere Realität vergessen lassen. Doch sollte man auf lange Sicht nicht zu viel träumen, sondern sich darauf fokussieren, seine Träume – wenn auch nicht alle – zur Realität zu machen.

An dieser Stelle können wir sehr schön zum nächsten wichtigen Punkt – dem Planungshorizont – übergehen. Mit Planungshorizont meine ich in unserem Kontext, wie weit oder auch wenig weit jemand in die Zukunft vorausplant. Ein kurzes, fiktives Beispiel zur Veranschaulichung: Nehmen wir an, zwei Schülerinnen – nennen wir sie Lisa und Lara – lernen gerade für eine wichtige Prüfung. Lisa möchte später studieren, Ärztin werden, ins Ausland gehen und ihre Zeit als Rentnerin in Neuseeland verbringen – relativ konkrete und außerordentlich langfristige Pläne. Lara hingegen hat keine Idee, was sie später einmal machen möchte. Abgesehen davon ist ihre größte, mehr oder weniger einzige Sorge die Prüfung, von der sie überzeugt ist, sie würde sie ohnehin nicht bestehen.

Dieses Beispiel, welches zu Zwecken der Veranschaulichung natürlich etwas überspitzt dargestellt ist, zeigt sehr gut, was man sich unter einem Planungshorizont vorstellen kann und wie sich dieser auf die Gegenwart auswirkt. Nun ist es oft so, dass selbstbewusste Menschen einen größeren Planungshorizont aufweisen. Mit steigendem Selbstbewusstsein steigt also die Bereitschaft bzw. das Bedürfnis, weiter in die Zukunft zu planen.

Selbstverständlich ist das nur eine Faustregel und so unterschiedlich Menschen sein können, so unterschiedlich können auch selbstbewusste Menschen und deren persönlicher Planungshorizont sein.

Nichtsdestotrotz legen selbstbewusste Menschen Wert auf ihre eigene Zukunft und planen diese bis zu einem gewissen Grad. Wie konkret man werden oder wie weit voraus man in seiner Zukunftsplanung gehen sollte, kann nicht eindeutig beantwortet werden und hängt darüber hinaus stark von der derzeitigen Lebenssituation ab. Unter Umständen kann es völlig ausreichend sein, sich beispielsweise als Ziel zu setzen, in den nächsten zehn Jahren finanziell unabhängig zu werden oder sozial tätig zu sein und anderen Menschen auf irgendeine Art und Weise zu helfen. Vielleicht tut es dir selbst aber gut, wenn du sehr konkrete Ideen hast. Darauf, dass die persönliche Zielsetzung essenziell ist und individuell gestaltet werden sollte, werde ich in einem späteren Kapitel ohnehin noch genauer eingehen, und auch darauf, wie du selbst deine eigenen Ziele finden kannst.

Unabhängig davon, wie deine Ziele konkret tatsächlich aussehen, geben uns Zukunftspläne Sicherheit und Motivation. Sicherheit dadurch, dass wir weniger und im besten Fall keine Angst davor haben, uns verloren zu fühlen und nicht zu wissen, was wir mit unserem Leben anfangen sollen. Motivation dadurch, dass wir etwas haben, worauf wir in der Gegenwart hinarbeiten können. Demzufolge gehen wir selbstbewusster durchs Leben, was genau das ist, was wir erreichen wollen.

Dieser erhöhte Planungshorizont erlaubt es selbstbewussten Menschen außerdem, temporären Rückschlägen weniger Bedeutung beizumessen. Mit einem längerfristigen Ziel vor Augen können wir Enttäuschungen in der Gegenwart deutlich gelassener begegnen. Wenn wir hingegen immer nur im Hier und Jetzt leben ohne jegliche Idee, wo das Ganze eigentlich hinführen soll, ordnen wir aktuellen Erlebnissen und Ereignissen selbstverständlich einen höheren Stellenwert zu. Um das Beispiel von vorhin nochmals kurz aufzugreifen: Wenn du für eine Prüfung lernst, nur um die

Prüfung zu bestehen, wird die Enttäuschung im Falle eines Misserfolgs groß sein. Wenn du aber für die Prüfung lernst, um später Ärztin oder Arzt zu werden, zeigt sich direkt ein ganz anderes Bild. Im ersten Moment wirst du vermutlich auch enttäuscht sein. Die Prüfung war aber lediglich ein Mittel zum Zweck, welches dich deinen Zielen näherbringen sollte, und hat für dich einen weit weniger hohen Stellenwert als im ersten Fall. Der kurzfristige Rückschlag in der Gegenwart ändert nichts an deinem langfristigen Ziel, es würde dadurch keinesfalls auf alle Zeit unerreichbar werden.

4.4 Das wichtigste Mindset selbstbewusster Menschen (Fixed vs. Growth Mindset)

Einer der vermutlich wichtigsten Punkte, sowohl im Hinblick auf Selbstbewusstsein als auch auf viele andere Persönlichkeitsaspekte des Menschen, ist das eigene Mindset. Denn unser Denken beeinflusst unser Verhalten. So weit, so gut. Ein wichtiger Aspekt dabei ist, ob wir unsere Qualitäten, Kompetenzen und Eigenschaften als statisch oder aber als dynamisch einschätzen – es geht darum, ob wir mit einem sogenannten „Fixed Mindset" oder „Growth Mindset" durchs Leben gehen. Was jenes Prinzip für den Weg zu mehr Selbstbewusstsein bedeutet und warum es sogar maßgeblich für das Scheitern von ebendiesem verantwortlich sein kann, werde ich dir in diesem Kapitel ausführlich näherbringen. Zunächst ist es aber wichtig, die Grundlagen und Hintergründe auf einer generellen Ebene zu verstehen.

Das Prinzip des Fixed vs. Growth Mindset ist auf die amerikanische Psychologin und Stanford-Universitätsprofessorin Carol Dweck zurückzuführen, welche für ihre Erkenntnisse in den Bereichen Motivation, Persönlichkeit und Persönlichkeitsentwicklung große Bekanntheit erlangte. In ihrem 2006 veröffentlichten Buch „Mindset: The New Psychology of Success" beschreibt sie, dass jeder Mensch entweder zu einer fixen Denkweise oder aber einer Wachstumsdenkweise tendiert. Doch wie äußert sich dieses Mindset?

Nehmen wir als Beispiel eine Schulklasse. Schülerinnen und Schüler mit einem Fixed Mindset sind der Ansicht, ihre Fähigkeiten, ihre Intelligenz, ihre Persönlichkeit sind feste Eigenschaften, an denen sie nichts ändern können. Sie leben im Glauben, mit einer gewissen Menge an positiven Qualitäten zur Welt gekommen zu sein. Jene Qualitäten betrachten sie als vorgegeben, wie in Stein gemeißelt, was bedeutet, dass sich daran nichts mehr ändern lässt. Schülerinnen und Schüler mit einem Growth Mindset glauben hingegen, dass sie sich und ihre Fähigkeiten durch Anstrengungen und Bemühungen weiterentwickelten können. Sie sind überzeugt davon, nicht direkt alles können und wissen zu müssen. Gleichzeitig sind sie der Ansicht, dass in jedem Menschen inklusive ihnen selbst das Potenzial, „alles“ zu schaffen, vorhanden ist.

Anhand eines Experiments untersuchte Dweck, wie sich diese Unterschiede bezüglich der Denkweise im Konkreten auswirken. Sie gab dazu vierjährigen Kindern erst ein sehr leichtes Puzzle, welches sie lösen sollten. Das Puzzle war so gestaltet, dass alle problemlos zur richtigen Lösung kamen. Anschließend wurde den Kindern ein deutlich schwierigeres Puzzle gegeben, wobei man sich entscheiden konnte, nochmals das leichte oder aber das neue, schwierigere Puzzle zu machen. Jene Kinder mit einem Fixed Mindset neigten dazu, das leichte Puzzle zu wiederholen. Sie blieben auf der sicheren Seite und lösten die Aufgabe erneut, um sich bestätigt zu fühlen. Die Kinder mit einem Growth Mindset hingegen tendierten zum schwierigeren Puzzle – aus mehreren Gründen. Sie hatten keine Angst zu scheitern und darüber hinaus hielten sie es für unsinnig, das gleiche, leichte Puzzle ein weiteres Mal zu machen: Schließlich lernt man dabei nichts Neues. Stattdessen suchten sie die Herausforderung, um sich selbst weiterzubilden und -entwickeln. Jene Kinder mit einem Fixed Mindset waren der Ansicht, sie müssten bereits alles können und wissen. Wenn sie also die schwierigere Variante versucht hätten und dabei gescheitert wären, so würde dies bedeuteten, dass sie nicht gut genug dafür sind und darüber hinaus niemals gut genug dafür werden können. Folglich versuchten sie es erst gar nicht, um einen Rückschlag zu verhindern und wiederholten das erste Puzzle, um sich in ihrem Können bestätigt zu fühlen.

Obwohl es kaum jemandem gelang, das schwere Puzzle korrekt zu lösen, gaben die meisten der Fixed-Mindset-Kinder an, mehr Spaß mit ebendieser Aufgabenstellung gehabt zu haben. Darüber hinaus empfanden sie es als seltsam, dass sich manch andere Kinder dazu entschlossen hatten, das gleiche, einfache Puzzle ein weiteres Mal zu machen, obwohl man dabei nichts Neues lernt.

Ein weiteres Experiment, bei dem untersucht wurde, wie sich Hirnströme in Bezug auf schwierige Fragen und anschließendes Feedback verhalten, zeigte, dass die Art des Mindsets noch deutlich weitreichendere Folgen hat als zuvor angenommen: Testpersonen mit einem Fixed Mindset waren nur dann an Feedback interessiert, wenn sich dieses auf ihre aktuellen Fähigkeiten bezog – alles, was ihnen dabei helfen könnte zu lernen, jedoch nicht ihren aktuellen Wissensstand betraf, war für sie uninteressant. Folglich zeigten sie kein Interesse dafür, die richtige Antwort auf eine von ihnen falsch beantwortete Frage zu hören. Zurückzuführen ist das auf die Art und Weise, wie jene Menschen mit Misserfolg umgehen. Denn jeglicher Misserfolg bedeutet für sie, dass sie etwas aktuell nicht können und auch in der Zukunft nicht lernen werden. Zugleich heißt das, dass jene Personen, die die entsprechende Frage richtig beantwortet haben, in ihrer Wahrnehmung „besser" sind als sie. Sie würden über mehr Wissen, Konzentrationsvermögen, Stressresistenz oder Selbstvertrauen verfügen, wodurch sie ihnen in diesem Aspekt überlegen wären. Fest steht jedenfalls, dass sie zumindest in diesem einen Aspekt eine bessere Leistung erbracht haben. In Kombination mit dem Glauben, sich selbst nicht weiterentwickeln zu können, führt diese Ansicht nachvollziehbarerweise dazu, dass das Falsch-Beantworten einer Frage negative Emotionen hervorruft und tendenziell wenig bis kein Interesse für die eigentlich richtige Lösung vorliegt.

Auf der anderen Seite zeigten jene Testpersonen mit einem Growth Mindset Interesse für jegliches Feedback, welches ihnen dabei helfen könnte, Neues zu lernen und sich weiterzuentwickeln – unabhängig davon, ob sie aus ihren eigenen Fehlern lernten oder ob es sich um Zusatzinformationen handelte. Durch ihre Denkweise brauchten sie keine Bestätigung durch möglichst viele richtige Antworten und auch ein

Feedback zu falschen Antworten stellte für sie kein Scheitern, wie eben für das Fixed Mindset, dar.

Anhand jener Experimente wird deutlich, welch großen Einfluss die Art, wie wir denken, darauf hat, wie wir die Welt und uns selbst wahrnehmen. Dweck ging sogar so weit, dass sie von zwei unterschiedlichen „Welten" sprach. Im Falle eines Fixed Mindsets bedeutet Erfolg, sich selbst zu beweisen. Es geht darum, zu zeigen, dass man dieses oder jenes hervorragend kann. In der Welt des Growth Mindsets hat Erfolg eine ganz andere Bedeutung: Erfolg bedeutet, sich selbst weiterzuentwickeln und Neues zu lernen. Es geht nicht darum, die oder der Beste zu sein, sondern die beste Version von sich selbst zu werden. Misserfolg ist im Fall eines Fixed Mindsets automatisch etwas Negatives – ein Rückschlag. Eine schlechte Note, eine nicht bestandene Prüfung oder etwa eine Kündigung– zu scheitern heißt, du bist nicht gut genug. Ganz anders sieht die Situation aus Sicht des Growth Mindset aus. Hier ist Scheitern keineswegs automatisch etwas Schlechtes. Natürlich werden gewisse Enttäuschungen, wie beispielsweise eine nicht bestandene Prüfung, kaum Freude bei den Betroffenen auslösen. Nichtsdestotrotz ermöglicht ihnen ihre Denkweise, den Misserfolg als Anzeichen dafür zu sehen, ihr eigenes Potenzial nicht vollständig ausgeschöpft zu haben. Und gleichzeitig sind sie bestrebt, aus den eigenen Fehlern zu lernen.

Ein Fixed Mindset bewirkt in der Folge, dass es Betroffenen oft schwerfällt, auf längerfristige Ziele hinzuarbeiten. Ein Verlangen nach schnellen Resultaten macht es oft unmöglich, den ersten Schritt zu machen oder regelmäßig an sich und seinen Zielen zu arbeiten. Dadurch bleiben Personen mit solch einer Denkweise verschiedene Türen und Möglichkeiten im Leben verschlossen.

Übertragen wir das Ganz nun wieder auf unseren Fall. Der Weg zu mehr Selbstbewusstsein ist mit viel Zeit, Energie und Anstrengung verbunden. Je nach Ausgangslage, Motivation und Selbstdisziplin sind erste

Resultate bereits nach kurzer Zeit durchaus realistisch. Abgesehen davon ist im Normalfall aber jede Menge Durchhaltevermögen notwendig, um einen Mangel an Selbstbewusstsein vollkommen und nachhaltig zu überwinden. Infolgedessen wäre es ein fataler Fehler, sich von Anfang an auf Resultate zu konzentrieren. Natürlich darfst du dich freuen, wenn du etwas Positives erreicht oder eine Schwäche überwunden hast. Nichtsdestotrotz solltest du die Gefahr, dass du einen Tag später schon nichts mehr von deinem anfänglichen Enthusiasmus spürst und ohne zwischenzeitliche Resultate deinen Weg zu mehr Selbstbewusstsein fortsetzen „musst", im Hinterkopf behalten.

Unser Ziel ist es also nicht, besonders schnell Resultate einzufahren. Unser Ziel ist es, einen Mangel an Selbstbewusstsein und ein geringes Selbstwertgefühl zu überwinden – und dieses Ziel liegt womöglich in ferner Zukunft. Durch diese Denkweise und dem Ziel vor Augen verschiebt sich der Fokus automatisch auf Aktionen, welche dich diesem Ziel näherbringen. Der Fokus liegt nun darauf, deine Situation auf lange Sicht zu verbessern und Dinge zu machen, die dir dabei helfen, zu wachsen, und dich selbst weiterzuentwickeln. Gleichzeitig verlieren kurzfristige Ergebnisse dadurch an Bedeutung.

Wenn du beispielsweise eine Runde joggen gehst – sagen wir fünf Kilometer – so wirst du im Vorhinein kaum denken, dass du jetzt gleich diese fünf Kilometer joggen wirst, um anschließend Körper und Kondition eines Marathonläufers zu erlangen. Vielmehr wirst du dir, zumindest dann, wenn du regelmäßig joggen gehst oder dies geplant hast, denken, dass diese fünf Kilometer dazu beitragen, dass du dich auf lange Sicht sportlich verbesserst und fit wirst. Aber angenommen, es ist tatsächlich dein Ziel, einen Marathon zu laufen – auch dann wäre es unsinnig, mit einem Fixed Mindset mit dem Training zu beginnen. Denn nach den ersten fünf Kilometern wirst du, sofern du nicht bereits außerordentlich sportlich in diesem Bereich bist, lediglich minimal bessere Voraussetzungen für einen

Marathon haben als zuvor. Ja, du wirst dich verbessert haben. Es ist jedoch unwahrscheinlich, dass du diese Verbesserung direkt merkst. Wenn es von Anfang an dein Ziel war, diese fünf Kilometer zu laufen, um anschließend trainiert für einen Marathon zu sein, so wirst du zweifellos enttäuscht sein und das Joggen am nächsten Tag vermutlich schon wieder ausfallen lassen. Ganz anders sieht die Situation aus, wenn du mit einem Growth Mindset an die Sache herangehst. Wenn du dir im Klaren darüber bist, dass diese fünf Kilometer nicht dazu dienen, anschließend bereit für den Marathon zu sein, sondern ein erster Schritt von vielen in die richtige Richtung sind, so wird jene Enttäuschung ausbleiben. Stattdessen kannst du dich unter Umständen sogar darüber freuen, dass du deinem Ziel einen Schritt nähergekommen bist, auch wenn du im Moment keine bis kaum Resultate wahrnehmen kannst.

Dieses Prinzip lässt sich auf sämtliche Methoden, Übungen und Aktivitäten zum Aufbau von mehr Selbstbewusstsein, mit welchen wir uns später ausführlich beschäftigen werden, übertragen. Zusätzlich kann solch ein Growth Mindset aber auch dabei helfen, emotional schwierige Situationen zu überwinden. Dazu ist es wichtig zu verstehen, dass die eigene Situation, sei sie noch so ausweglos, erdrückend oder lähmend, in Wahrheit niemals aussichtslos ist. Wenn es uns besonders schlecht geht, kann es uns in Zukunft auch wieder besonders gut gehen.

Wenn du am Boden bist und dir selbst ständig einredest, wie schüchtern, introvertiert, schlecht, unsicher oder wertlos du bist, so bekommt dein Unterbewusstsein andauernd diesen Input. Es wird kontinuierlich mit negativen Gedanken und Assoziationen „gefüttert“ und nimmt diese auf. Diese negative Botschaft führt dazu, dass du unterbewusst immer mit deiner emotional belastenden Lage konfrontiert bist, was es enorm schwierig macht, diese zu überwinden. Positive Ereignisse und Schritte raus aus diesem Tief können an Bedeutung und Wirkung verlieren, weil du unter Umständen nicht in der Lage bist, diese als solche zu erkennen bzw. diese entsprechend aufzunehmen. Ich möchte dies anhand eines ganz einfachen Beispiels verdeutlichen: Wenn du eine gewisse Strecke mit dem Auto fährst und dich anschließend jemand fragt, wie viele blaue Autos du gesehen hast, so wirst du vermutlich keine Ahnung haben. Wenn du aber im Vorhinein weißt, dass du später gefragt wirst, wie viele blaue Autos du gesehen hast, wirst du deine Augen nach blauen Autos offenhalten. Nun stell dir vor, die blauen Autos sind keine blauen Autos, sondern Möglichkeiten, deine aktuell belastende Situation zu bessern. Wenn du dir einredest, es geht dir schlecht und es gibt nichts, was dir im Moment helfen könnte, so besteht die Gefahr, dass du tatsächlich keinen Weg hinaus aus deinem Tief findest. Wenn du aber zu dir selbst sagst, dass du aktuell zwar am Boden aber gleichzeitig auf dem Weg der Besserung bist, so hast du weitaus höhere Chancen, Möglichkeiten, welche dich einen Schritt in die richtige Richtung bringen, zu erkennen und zu nutzen. Außerdem bestimmen unsere Gedanken unser Handeln, was diesen Effekt weiter verstärkt.

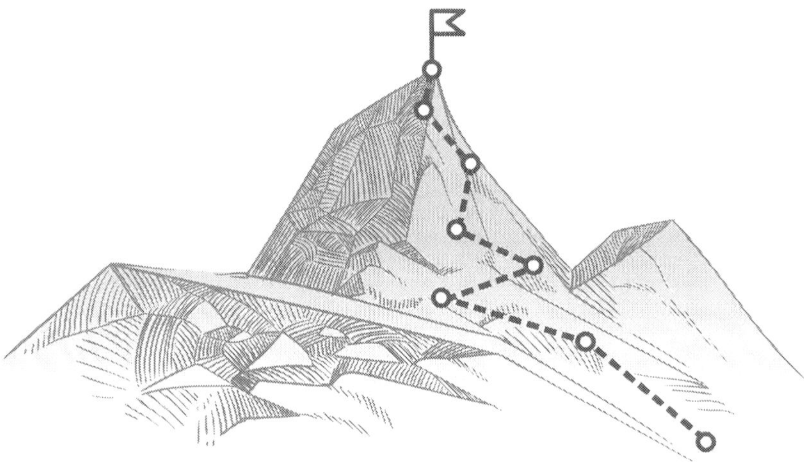

"Confidence is the most important single factor in this game, and no matter how great your natural talent is, there is only one way to obtain and sustain it: work."

Jack Nicklaus

5

Der Weg zu mehr Selbstbewusstsein

5.1 Raus aus der Opferrolle„Victim Mindset"! - Du bist verantwortlich für dein Leben

Auch im nächsten Schritt werden wir uns noch einmal mit dem Thema Mindset beschäftigen – mit dem sogenannten „Victim Mindset". Dieses Victim Mindset kann grob mit Hilfe folgender drei Punkte charakterisiert werden: Der erste wesentliche Aspekt ist die Wahrnehmung, dass das Leben grundsätzlich oder zumindest in der aktuellen Situation, in welcher sich Betroffene wiederfinden, schlecht, böse, hart, traurig oder sinnlos ist. Betroffene haben das Gefühl, dass das Negative im Leben überwiegt. Des Weiteren besteht die Annahme, dass irgendjemand oder irgendetwas anderes daran schuld ist – jedenfalls nicht die oder der Betroffene selbst. Daraus folgt drittens oft die Überzeugung, selbst nichts an dieser negativen Situation ändern zu können. So wie ich selbst nicht schuld daran bin, dass es mir schlecht geht, kann ich auch nichts dafür tun, dass es mir in Zukunft besser geht – so zumindest die Annahme.

Der Begriff Victim Mindset ist also sehr passend – Betroffene sehen sich als Victim, als Opfer externer Umstände, auf welche sie selbst keinen Einfluss haben. Sie machen andere für ihr Leid verantwortlich. Diese „bösen" anderen sind in den meisten Fällen andere Menschen, wobei es auch denkbar wäre, sich als Opfer einer höheren Macht wie beispielsweise Gott zu sehen.

Worauf auch immer sich das Victim Mindset im konkreten Fall bezieht, ist hinsichtlich der Auswirkungen größtenteils irrelevant. Dennoch können manche Auswirkungen drastisch ausfallen und eine enorme Belastung sowohl für Betroffene als auch für Angehörige oder andere Kontaktpersonen darstellen. Dadurch, dass sich das Victim Mindset in der Annahme äußert, man sei nicht selbst für seine Situation verantwortlich, werden Wege und Möglichkeiten der Besserung weder gesucht noch als solche wahrgenommen. Ähnlich wie beim Thema Fixed vs. Growth Mindset verschließen sich Betroffene und sind weit weniger offen und bereit, Hilfe anzunehmen, geschweige denn, selbst aktiv nach Hilfe zu suchen. Denn wenn du überzeugt davon bist, dass du beispielsweise schüchtern und unsicher bist, andere für diese Umstände verantwortlich machst und zugleich der Meinung bist, du kannst dir selbst sowieso nicht helfen, dann wirst du logischerweise nicht auf die Idee kommen, aktiv etwas zu unternehmen, um deiner miserablen Lage zu entkommen.

Die Folge sind negative Gedanken und Emotionen, oft in Kombination mit einer generell pessimistischen Einstellung gegenüber dem Leben. Wie zum Beispiel: Die Welt ist böse. Die Welt ist gegen mich. Alle sind gegen mich. Das Leben ist hart. Das Leben ist traurig. Nichts hat einen Sinn. Ich kann sowieso nichts an meiner Lage ändern, egal was ich versuche. In vielen Fällen beziehen sich diese negativen Gedanken aber auch auf andere. Glück wird als etwas angesehen, dass man sich nicht erarbeiten muss bzw.

überhaupt nicht erarbeiten kann. Stattdessen hatten glückliche Menschen einfach Glück im Leben – ohne selbst dafür verantwortlich zu sein. Dadurch entstehen Neid, Wut oder sogar Hass gegenüber glücklichen oder erfolgreichen Menschen. Betroffene empfinden große Ungerechtigkeit, da sie selbst nicht mit diesem Glück gesegnet worden sind.

Aber warum eignen sich Menschen so ein Victim Mindset an? Es hilft doch niemandem etwas, sich selbst als machtloses Opfer darzustellen! Ein Victim Mindset entsteht oft als Reaktion auf traumatische Erlebnisse. Um mit der enormen psychischen Belastung eines Traumas umzugehen, entwickeln betroffene ein Victim Mindset, welches ihnen einen Teil der Last nimmt. Einerseits fühlen sie sich nicht dafür verantwortlich, was passiert ist, unabhängig davon, ob sie selbst dazu beigetragen haben oder nicht. Andererseits sehen sie sich auch nicht in der Verantwortung, etwas an ihrer Lage ändern zu müssen – denn sie könnten ja, selbst wenn sie wollten, gar nichts daran ändern. So zumindest die Annahme.

Teilen wir die Konsequenzen eines Traumas in zwei Bereiche, um zu verstehen, wie dieser Bewältigungsmechanismus wirkt: Trauer, Angst und Verzweiflung auf der einen Seite, sowie der Drang bzw. Druck, wieder einen Weg aus diesem emotionalen Tief herauszufinden, auf der anderen Seite. Durch das Victim Mindset befreien sich Betroffen gänzlich von letzterem. Die gefühlte Unmöglichkeit, selbst an der Situation etwas zu ändern, nimmt eine große Last. Sämtliche Kraft kann nun auf die Bewältigung von Trauer, Angst oder Verzweiflung fokussiert werden. Das Victim Mindset fungiert also als Schutzmechanismus, der Betroffene vor einer zu hohen emotionalen Belastung schützen soll.

Des Weiteren können bestimmte Abhängigkeitsverhältnisse, wie wir sie bereits bei den Auswirkungen von mangelndem Selbstbewusstsein kennengelernt haben, die Entstehung eines Victim Mindsets begünstigen. Ein Abhängigkeitsverhältnis zu einer Partnerin bzw. einem Partner, zu Eltern oder Geschwistern oder sonstigen Bezugspersonen kann dazu führen, dass sich der Glaube verfestigt, nicht gut genug zu sein, um jemals selbst etwas bewirken zu können. In Kombination mit einer Unzufriedenheit bezüglich des eigenen Lebens bietet dies die idealen Voraussetzungen für die Entstehung eines Victim Mindsets, welches dann oft über ein entsprechendes Abhängigkeitsverhältnis hinaus bestehen bleibt. Das Victim Mindset wird zur „Gewohnheit", zur „Normalität", durch deren Linse die gesamte Welt und das Leben betrachtet wird.

Trotz aller negativen Aspekte und Konsequenzen möchte ich dich dazu motivieren, an dieser Stelle auch die positiven Punkte zu betrachten. Wenn du selbst mit einem Victim Mindset zu kämpfen hast und dich dieser Abschnitt vielleicht betroffen gemacht hat, möchte ich dir Folgendes mitgeben: Sieh es als Motivation, nicht als Demotivation! In Wahrheit bist immer du selbst in erster Linie verantwortlich für dein Leben. Wenn du aktuell der Meinung bist, du könntest nichts an deiner Lage verändern, denk daran, wie dich dein Victim Mindset „manipuliert". Lehn dich zurück und entspann dich für einen Moment. Denk daran, dass es Wege und Möglichkeiten gibt, wie du selbst, allein oder mit der Hilfe von anderen, an dir arbeiten und dein eigenes Leben leben kannst. Verstehe, dass ganz allein du dafür verantwortlich bist, wie du über die Welt denkst und diese interpretierst. Du hast es in der Hand!

5.2 Warum möchte ich selbstbewusst werden? – Finde dein Warum!

Während meiner Schulzeit war ich zurückhaltend, introvertiert und lebte mehr oder weniger zurückgezogen. Ich hatte ein paar wenige, dafür aber gute Freunde, welche ich außerhalb der Schulzeit höchstens am Wochenende sah. Partys besuchten wir gelegentlich. Je nachdem, wer der Gastgeber war und wie viele bzw. vor allem welche Leute vor Ort waren, hatte ich mal mehr und mal weniger Spaß. Aufgrund meines mangelnden Selbstbewusstseins kam ich nur äußerst selten mit neuen Leuten ins Gespräch, wobei mir auch nie groß danach war, um jeden Preis neue Bekanntschaften zu machen. Mein kleiner Kreis an Freunden um mich herum war mir stets genug. Ich wollte einfach eine gute Zeit haben. Im Nachhinein betrachtet ist es schwer zu sagen, ob ich niemand Neues kennenlernen wollte, weil ich Angst davor hatte – weil mir das nötige Selbstbewusstsein dazu fehlte – oder ob dem so war, weil ich wirklich einfach keine Lust darauf hatte. Vermutlich war es eine Kombination aus beidem, wobei in den meisten Fällen die Angst vor potenzieller Abweisung ein aufkommendes Interesse sofort unterdrückt hätte. Als große Belastung empfand ich diese Tatsache zum damaligen Zeitpunkt aber nur selten. Ich lebte mein Leben innerhalb meiner eigenen Komfortzone, Tag für Tag. Gewohnheit gab mir Sicherheit. Zu wissen, dass ich jetzt fünf Tage in die Schule gehen und anschließend am Wochenende etwas mit meinen Freunden unternehmen oder auf eine Party gehen würde, gab mir Sicherheit. Die Tatsache, dass meine nächste Woche wieder genau wie die davor aussehen würde, gab mir ebenfalls Sicherheit.

Erst mit dem Wechsel auf die Uni wurde mir bewusst, wo ich persönlich im Leben eigentlich stehe. Plötzlich war ich durch meinen Alltag an der Uni dazu gezwungen, neue Leute kennenzulernen – was anfangs noch vergleichsweise einfach über die Bühne ging, da die meisten meiner Mitstudentinnen und Mitstudenten ihre höhere Bildungslaufbahn ebenso wie ich ohne alte Bekanntschaften begonnen hatten. Doch schon bald hatten sich Gruppen gebildet und es war nicht mehr die „Norm“, mit neuen Leuten ins Gespräch zu kommen. In dieser Phase ging ich etwas verloren, fühlte mich nirgendwo richtig zugehörig und es erschien mir als unmöglich, etwas an meiner Lage zu ändern.

Neben dieser unglücklichen Entwicklung hatte ich aber auch etwas enorm Wichtiges fürs Leben mitgenommen. Auch wenn ich mich allein fühlte, hatte ich Menschen kennengelernt, welche Dinge erlebt hatten und Erfahrungen gemacht hatten, auf die ich nicht einmal in meinen Träumen gekommen wäre. Die ersten Wochen an der Uni, vielleicht die ersten Monate, konnte ich meinen Horizont erweitern wie nie zuvor. Nach Jahren der „Gefangenschaft“ in meiner eigenen Komfortzone wurde ich plötzlich mit Informationen, Ideen und – am allerwichtigsten – mit Möglichkeiten überschüttet. Ich hörte von Austauschsemestern während der Schulzeit, Weltreisen nach dem Abitur, Konzertbesuchen, Festivals, Mitgliedschaften in Organisationen, von denen ich nicht wusste, dass sie existieren. Und dann war da noch ich – der Junge, der seine gesamte Schulzeit über das Gleiche getan hatte, um sich „sicher“ zu fühlen. Ich fühlte mich klein und unbedeutend, und je länger ich fern von meinem alten Umfeld war, desto mehr kam in mir das Gefühl auf, ich hätte mein Leben bis hierhin nicht richtig gelebt und so viel verpasst.

Es war zu jener Zeit, als ich außerdem den Entschluss fasste, an mir zu arbeiten, um mich und mein Leben zum Positiven hin zu verändern. Einerseits fühlte ich mich überfordert und erdrückt von all den neuen Einflüssen, den neuen Menschen, dem Alltag an der Universität, den Partys an den Wochenenden. Andererseits sah ich in all dem aber die Chance, etwas zu ändern. Ich wollte dazugehören. Ich wollte offener aber auch entschlossener durchs Leben gehen, um zukünftig auch selbst Interessantes über mich erzählen zu können oder zumindest keine Angst mehr davor zu haben, neue Erfahrungen zu sammeln und neue Leute kennenzulernen.

Zudem merkte ich, wie mir die Schule mit ihren Höhen und Tiefen trotz allem immer ein bedeutend großes Level an Sicherheit gegeben hatte. Wie eben erwähnt musste ich mir nicht groß Gedanken darüber machen, was als Nächstes passieren würde. Der Stoff änderte sich, die Prüfungen wurden schwerer. Abgesehen von der Zeit kurz vor dem Schulabschluss war es das dann aber auch schon wieder.

Dadurch, dass ich zeitgleich mit dem Beginn meines Studiums von zu Hause weg in eine neue Stadt gezogen bin, verlor ich auch noch den Schutz meiner Eltern. Ich war mehr oder weniger auf mich allein gestellt und musste, zumindest im Alltag, allein zurechtkommen. Durch all diese Umstellungen wurde mir vor Augen geführt, wie unvorbereitet ich für eine solche Veränderung eigentlich war. Bisher war ich mehr oder weniger gut mit mir selbst und meinem Leben zurechtgekommen – aber nur, weil ich mein gewohntes Leben in „geschützter" Umgebung lebte.

Für mich war es also eine schwerwiegende Veränderung meines Lebens in mehreren Bereichen. Meine persönliche Antwort auf das „Warum" – der Grund, warum ich selbstbewusster werden wollte – hatte so gesehen einen konkreten Auslöser, wobei dieser Auslöser sowohl negative als auch positive Aspekte beinhaltete. Meine Ausgangslage war keineswegs ein Zustand der allgemeinen Niedergeschlagenheit oder gar Verzweiflung. Stattdessen wollte ich durch das Bewältigen meiner persönlichen „Defizite" noch mehr vom Positiven, von den unzähligen Möglichkeiten, die mir auf einmal aufgezeigt worden waren, profitieren.

Wie auch sonst immer gilt hier natürlich, dass man nicht von einem einzelnen Beispiel auf ein allgemein gültiges Gesetz schließen kann. Die Gründe, warum sich Menschen dazu entscheiden, in Zukunft mit mehr Selbstbewusstsein durchs Leben gehen zu wollen, können sehr unterschiedlich ausfallen. Vielleicht befindest du dich selbst an einem Punkt, an dem du nur sehr schwer mit dem Leben zurechtkommst und dir nichts mehr wünschst, als der Welt etwas „mutiger" und offener entgegenzutreten.

Vielleicht hast du Probleme damit, vor anderen Menschen zu reden oder Präsentationen zu halten, möchtest aber später in einem Beruf arbeiten, in dem eben diese Qualitäten wichtig sind. Nachdem du diesen Ratgeber bis hierhin gelesen hast, gehe ich davon aus, dass du irgendeinen Grund für dich gefunden hast, warum du selbstbewusster werden möchtest. Gleichzeitig will ich dich an dieser Stelle dazu motivieren, dich selbst zu reflektieren und dir zu überlegen, was wäre, wenn du diese Entscheidung nicht getroffen hättest. Falls du noch unsicher bist, ob du es überhaupt schaffen kannst, dich selbst weiterzuentwickeln, überlege dir stattdessen, was wäre, wenn du dich nicht dafür entscheidest, an dir selbst zu arbeiten. Wie könnte dein Leben in Zukunft aussehen, wenn du deine aktuelle Situation so belässt, wie sie ist? Was würdest du alles verpassen? Und auf der anderen Seite: Was könntest du alles erleben und erreichen, wenn du es schaffst oder zumindest versuchst, über dich selbst hinauszuwachsen? Wie könnte dein Leben in einem Monat, in einem Jahr und in fünf Jahren aussehen?

Dieser persönliche Grund kann, sofern du dich darauf einlässt, als eine Art Stütze und Motivationskraft fungieren. Wann immer du an dir selbst oder deinen Bemühungen zweifelst, kannst du dich daran zurückerinnern, weshalb du damit begonnen hast, und so neue Energie tanken.

5.3 Identity Change – der Preis, den man zahlen muss, um selbstbewusst zu werden

Im nächsten Schritt geht es darum, ein Bewusstsein für die Wechselwirkung zwischen unserer Identität und unserem Handeln zu erlangen. Im Hinblick auf Fixed vs. Growth Mindset hast du bereits gelernt, wie unsere Gedanken unsere Taten beeinflussen können. Um zu verstehen, wie dieses Prinzip mit unserer Identität in Verbindung steht, müssen wir zunächst klären, was unsere Identität eigentlich ist. In der Psychologie definiert man den Begriff „Identität" als die „selbst" erlebte innere Einheit einer Person. Es geht also um die Gesamtheit dessen, wie du dich selbst wahrnimmst und was du über dich selbst denkst. Alle Gedanken, welche etwas über dein „Ich" beinhalten, sind also ein kleiner Baustein deiner Identität.

Wenn du dich selbst als schüchtern, unsicher, traurig oder verzweifelt siehst, so formen diese Ansichten deine Identität mit. Gleiches gilt selbstverständlich auch, wenn du dich als selbstsicher, offen, selbstbewusst oder wertvoll einstufst. Unsere Identität, als Gesamtheit unseres „Ichs", ist in der Folge maßgeblich für das verantwortlich, was wir tun – logisch. Denn wenn du beispielsweise über dich selbst denkst, dass du schlau, ambitioniert und interessiert bist und eine große Zukunft auf dich wartet, wirst du dich eher für ein Studium bewerben, als wenn du dich selbst als dumm, faul und desinteressiert bewertest. Um das Prinzip auf ein noch primitiveres Beispiel herunterzubrechen: Wenn du vor einem großen Abgrund stehst und sich auf der anderen Seite etwas befindet, dass du sehr gerne haben möchtest, so wird deine Entscheidung, ob du den Sprung auf die andere Seite versuchst, davon abhängen, ob du dir selbst zutraust, den Sprung zu schaffen. Wenn du denkst, du bist ungeschickt, unbeweglich und unsportlich, wirst du vermutlich davon absehen. Wenn du hingegen überzeugt von dir selbst bist, dich als außerordentlich sportlich und motorisch begabst beschreiben würdest, so würdest du dich eher trauen, auf die andere Seite zu springen. Im

Hinblick auf mangelndes Selbstbewusstsein könnte das Folgendes bedeuten: Wenn du denkst, du bist schüchtern, so wirst du auch dementsprechend handeln. Du wirst dann eine fremde Person beispielsweise eher nicht ansprechen, sofern es nicht einen triftigen Grund dafür gibt.

Leider gibt es keinen Schalter, den man umlegen kann, um seine Identität von der einen Sekunde auf die andere zu verändern und selbstbewusst zu werden. Stattdessen sollte man Selbstbewusstsein aus einer ähnlichen Perspektive wie den Aufbau von Muskeln betrachten. Nur mit regelmäßigem Training und dem nötigen Durchhaltevermögen kann es gelingen, dauerhaft mehr Selbstbewusstsein zu erlangen. Wenn du beispielsweise unsicher darin bist, Leute anzusprechen, sei es eine Mitarbeiterin oder einen Mitarbeiter im Supermarkt, Studien- oder Arbeitskolleginnen und -kollegen oder eine fremde Person auf einem sozialen Event, so wirst du durch ein einmaliges Überwinden deiner Angst bzw. Unsicherheit nicht direkt zu einem neuen, durch und durch selbstsicheren Menschen werden. Nichtsdestotrotz initiiert solch eine Handlung einen Lernprozess. Wenn du dich dann das nächste Mal mit so einer Situation konfrontiert siehst, wird es dich weniger Überwindung kosten, dein Gegenüber anzusprechen. Vielleicht nimmst du bewusst erst gar keinen Unterschied wahr. Sofern du aber kontinuierlich dabeibleibst und an dir selbst arbeitest, ist es mehr oder weniger undenkbar, keine Veränderung ins Positive wahrzunehmen. Lass dich daher, vor allem anfangs, niemals entmutigen. Konzentriere dich, wie im Kapitel über das Growth Mindset erläutert, auf dein großes Ziel, anstatt unmittelbare Ergebnisse zu erwarten. Auch beim Aufbau von Muskeln wirst du nach der ersten Trainingseinheit kaum wahrnehmbare Unterschiede erkennen. Erst durch regelmäßige Durchführung des Trainings wirst du letztendlich deinem Ziel Stück für Stück näherkommen.

Es gibt noch weitere Aspekte, in denen der Aufbau von Selbstbewusstsein mit dem von Muskeln verglichen werden kann. Bekanntlich ist ein körperliches Training immer dann am effektivsten, wenn die Belastung „extrem“

wird. Wenn du beim Workout spürst, dass es schmerzt, weißt du, dass dein Körper nun so richtig zu arbeiten beginnt und in der Erholungsphase nach dem Training jene Muskeln, welche einer großen Belastung ausgesetzt waren, regenerieren und darüber hinaus zusätzlich aufgebaut werden. Dies ist eine ganz natürliche Reaktion unseres Körpers, um für solche Situationen in Zukunft besser vorbereitet zu sein – und je länger du trainierst, desto mehr Muskelmasse wird aufgebaut, da dein Körper immer und immer wieder den Input bekommt, dass an dieser einen Stelle mehr Kraft von Vorteil wäre. Ähnlich verhält es sich mit dem Aufbau von Selbstbewusstsein. Wenn du dich bewusst Situationen aussetzt, vor denen du Angst hast, und diese trotz deiner Unsicherheit bewältigst, lernt dein Gehirn, dass es an diesem Punkt ein Defizit gibt, welches es auszugleichen gilt. Auf deinem Weg zu mehr Selbstbewusstsein kannst du all deine Ängste, Sorgen, Zweifel und Unsicherheiten als Kompass einsetzen – wo auch immer es „wehtut", solltest du ansetzen. Auch hier gilt wieder – je öfter und je länger du dich in für dich schwierige Situationen begibst, desto selbstbewusster wirst du solche oder auch ähnliche Situationen in Zukunft meistern.

Nehmen wir an, du hast Probleme damit, Personen anzusprechen. Dich selbst würdest du als introvertiert, schüchtern und zurückhaltend beschreiben – du bist also keinesfalls der „Typ" dafür, irgendjemanden anzusprechen. Diese Gedanken sind Teil deiner Identität und bestimmen dein Handeln – in der Folge vermeidest du Konversationen mit dir unbekannten Menschen wann immer möglich. Nun hast du aber für dich erkannt, dass du dich dadurch eingeschränkt fühlst und alles dafür geben willst, diese Unsicherheit zu überwinden. Infolgedessen hast du dich dazu entschlossen, täglich mindestens dreimal eine fremde Person anzusprechen. Beim ersten Mal kostet es dich unheimlich viel Überwindung, aber es gelingt dir, eine Person auf der Straße nach dem Weg zu fragen. Auch beim zweiten Mal hast du große Angst davor, lässt dich davon aber nicht abhalten und ziehst deinen „Trainingsplan" durch. Anstatt enttäuscht darüber zu sein, dass es dir genauso schwer wie beim ersten Mal gefallen ist, erinnerst du dich daran, dass es falsch wäre, unmittelbare Ergebnisse zu erwarten und freust dich darüber, dass du deinem Ziel die ersten zwei Schritte nähergekommen bist. Und siehe da – beim dritten Mal fällt es dir schon leichter. Ein Monat später kostet es dich zwar noch Überwindung, zwischen deinen anfänglichen und heutigen Versuchen liegen aber Welten. Mittlerweile würdest du dich nicht mehr als schüchtern und zurückhaltend beschreiben – schließlich sprichst du regelmäßig fremde Leute an. Vielmehr wurde dieses „Leute-Ansprechen" Teil deiner Identität. Während du solchen Situationen früher mit Angst entgegengetreten bist, wirken diese nun normal für dich.

Dieses Prinzip lässt sich auf sämtliche Auswirkungen von mangelndem Selbstbewusstsein übertragen, unabhängig davon, wie deine Situation im Konkreten aussieht. Leider ist der Prozess an dem Punkt, an dem du dein ursprüngliches Ziel erreicht hast, noch nicht vorbei. Genauso wie sich Muskeln bei mangelnder Bewegung zurückbilden, kann auch Selbstbewusstsein wieder abnehmen. Wenn du dich lange Zeit über isolierst und sozialen Kontakt meidest, wird es dir mit der Zeit wieder schwerer fallen, fremde Personen anzusprechen. Aber keine Sorge – auch wenn der Weg zu mehr Selbstbewusstsein ein dauerhafter Prozess ist, wird sich dein Basislevel an Selbstsicherheit kontinuierlich erhöhen. Selbst nach einer längeren Pause hättest du also etwas, worauf du aufbauen kannst, und müsstest nicht zwingend wieder bei null beginnen.

Unsere Identität beeinflusst also unser Handeln und spielt eine essenzielle Rolle im Hinblick auf unser Selbstbewusstsein. Sofern du dich nicht bewusst mit diesem Thema auseinandersetzt und aktiv entgegen deiner eigenen, einschränkenden Identität handelst, entsteht ein Teufelskreis. Im Normalfall werden wir niemals entgegen unseren Ansichten über uns selbst handeln und nur jene Dinge tun, welche kongruent zu unserer Identität sind. Wenn du überzeugt bist, dass du schüchtern und zurückhaltend bist, wirst du dementsprechend handeln. Infolgedessen formt diese Handlung deine Identität mit, bzw. verstärkt die bereits vorhandene Ansicht, dass du schüchtern und zurückhaltend bist. Und so entsteht eine Abwärtsspirale. Um diese zu überwinden, braucht es einerseits das Verständnis dafür, wie Selbstbewusstsein und Identität zusammenhängen – also genau das, was du soeben erfahren hast – und darüber hinaus die Entschlossenheit und Kraft, entgegen deiner eigenen Identität zu agieren.

Gelingen kann dies, indem du deine Handlung nicht nach deiner derzeitigen Identität ausrichtest, sondern nach jener, welche du in Zukunft gerne zu deiner eigenen Identität machen würdest. Führe dir vor Augen, dass du in Zukunft ein selbstbewusster Mensch sein willst, und überlege dir, wie ein durch und durch selbstbewusster Mensch in deiner Situation agieren würde. Und genau so handelst du dann selbst, auch wenn dies nicht im „Einklang" mit deiner aktuellen Identität bzw. Persönlichkeit steht. Du musst entgegen deinen Ängsten, Sorgen, Zweifeln und Unsicherheiten handeln, was selbstverständlich nicht einfach ist. Doch je länger du dies tust, desto mehr werden deine Ängste abnehmen und Handlungen, welche deiner anfänglichen Identität völlig widersprachen, werden sich immer natürlicher anfühlen. Deine Identität bzw. Persönlichkeit zieht also mit, was je nach konkretem Beispiel mal schneller und mal langsamer erfolgt. Fest steht jedenfalls, dass deine Identität immer nur reagieren kann. Es wäre also sinnlos zu warten, bis sie sich von allein ändert, um anschließend selbstbewusst zu handeln. Stattdessen musst du aktiv werden und handeln, als wärst du bereits selbstbewusst – erst dann kann sich deine Identität deinen Handlungen anpassen. Jedes Mal, wenn du deine eigene Komfortzone verlässt und entgegen deiner inneren Blockade handelst, trainierst und stärkst du so dein Selbstbewusstsein – so, als würdest du einen Muskel trainieren. Zu erkennen, wo deine eigene Komfortzone endet, ist ganz leicht: Immer dann, wenn es „wehtut", wenn es dir Angst macht oder wenn du dich unwohl oder unsicher dabei fühlst, weißt du, dass du jetzt einen Schritt in die richtige Richtung machen kannst – sofern du dich erfolgreich dazu überwindest, entgegen diesen negativen Gefühlen zu handeln. Dies zu verstehen in Kombination mit der Fähigkeit, immer und immer wieder aktiv und entgegen deinen Emotionen und Ängsten zu handeln, ist das Geheimnis hinter dem Aufbau von wahrem Selbstbewusstsein und gleichzeitig der Weg dorthin. Aus diesem Grund ist es auch so wichtig, über ein Growth Mindset zu verfügen, da es sonst schwer bis unmöglich ist, sich selbst immer wieder dazu zu motivieren, seine eigene Komfortzone zu verlassen und täglich entgegen seiner eigentlichen Identität zu handeln.

Die britische Modeunternehmerin Tamara Mellon hat dieses Konzept sehr schön mit den Worten „feel the fear and do it anyway" beschrieben. Es ist okay, die Angst zu spüren und sogar notwendig – sie dient dir als Kompass und zeigt an, wo du aktiv werden musst. Doch du darfst dich von jener Angst nicht abhalten lassen. Tu es trotzdem. Die anfängliche Diskrepanz, das Nicht-Zusammenpassen von Handlung und Identität, wird in der Folge kleiner werden, bis es sich im Idealfall irgendwann vollkommen normal für dich anfühlt, wie ein selbstbewusster Mensch zu handeln. Sobald du diesen Punkt erreicht hast, bist du nämlich ein selbstbewusster Mensch – deine Identität entspricht deinen Handlungen wieder vollkommen, mit dem Unterschied, dass du nun selbstbewusst und selbstsicher durchs Leben gehst.

Wenn du nun selbst auf den Geschmack gekommen bist, es dir aber an konkreten Ideen fehlt oder du Unterstützung bei der Umsetzung benötigst, kann ich an dieser Stelle auf meine „30-Tage-Komfortzone-Challenge" am Ende des Buches verweisen. Dort bekommst du Tipps und konkrete Anweisungen, wie du, sofern du dies möchtest, ab sofort aktiv an deinem Selbstbewusstsein arbeiten kannst. Ansonsten kannst du natürlich auch mit dem nächsten Kapitel weitermachen und später darauf zurückkommen.

"Always remember you are braver than you believe, stronger than you seem, and smarter than you think."

Christopher Robin

6

Selbstreflexion und Analyse der Ist-Situation

Mittlerweile haben wir einen Punkt erreicht, an dem alle wichtigen theoretischen Hintergründe geklärt sind. Du hast gelernt, was Selbstbewusstsein eigentlich ist, wie und wodurch dieses entsteht und warum Selbstbewusstsein ein essenzieller Bestandteil jedes Menschen ist. Du hast gelernt, wie sich ein Mangel an Selbstbewusstsein äußern kann – wie weitreichend, wenn auch nicht immer offensichtlich, die Folgen und Auswirkungen davon sind. Du hast gelernt, welche Strukturen und Lebensumstände einen Mangel an Selbstbewusstsein begünstigen. Außerdem konnte ich dir hoffentlich näherbringen, dass der Weg zu mehr Selbstbewusstsein meist lang und nicht immer einfach ist – vor allem aber, dass es immer Möglichkeiten gibt, egal wie aussichtslos die Ausgangssituation erscheinen mag.

Ab sofort werden wir unseren Fokus von der Theorie auf die Praxis verlegen. Bevor es aber so weit ist, möchte ich dir an dieser Stelle gratulieren. Du bist dem Ziel von einem selbstbewussten Leben schon deutlich näher, als du es noch warst, als du diesen Ratgeber zu lesen begonnen hast.

Ich möchte dich auch dazu anregen, dir selbst zu gratulieren und stolz zu sein. Auch wenn es sich für dich aktuell vielleicht noch so anfühlt, als wäre deine Situation nach wie vor unverändert – dadurch, dass du dir all jenes Hintergrundwissen angeeignet hast, kannst du nun ganz gezielt damit beginnen, an dir und deinen Zielen zu arbeiten.

Den Anfang macht die Analyse deiner Ist-Situation. Nimm dir Zeit, um dich ausführlich selbst zu reflektieren. In der Folge werden wir uns dann mit der Zieldefinition beschäftigen, bei der es darum gehen wird, wo genau du eigentlich hinmöchtest. Warum es aber nicht genügt, sich nur dieses Ziel vor Augen zu führen, ohne darauf zu achten, wo du aktuell stehst, zeigt folgendes Beispiel: Stell dir vor, du bist Manager eines Unternehmens und wirst damit beauftragt, ein gewisses Unternehmensziel zu erreichen – dein Ziel ist es, im nächsten Jahr einen Gewinn von mindestens 500.000 Euro zu erreichen. Du bist neu in der Firma. An deinem ersten Arbeitstag wirst du nicht direkt damit beginnen, aktiv Schritte in Richtung des Ziels, der Gewinnsteigerung, zu tun. Stattdessen wirst du analysieren, wo das Unternehmen aktuell steht. Wie hoch fiel der jährliche Umsatz bisher aus? Welche Infrastruktur ist bereits vorhanden? Mit welchen Menschen wirst du zusammenarbeiten müssen, um dein Ziel zu erreichen? Welche Möglichkeiten hast du? Es macht selbstverständlich einen immensen Unterschied, ob der Vorjahresgewinn 20.000 oder aber 400.000 Euro betrug. Sind die nötigen Mittel für eine realistische Chance auf 500.000 Euro Gewinn bereits vorhanden oder musst du kreativ werden und nach alternativen Möglichkeiten Ausschau halten? Es ist einerseits wichtig, sich ein Bild der aktuellen Situation zu machen, und andererseits sollte dieses Bild natürlich bestmöglich der Realität entsprechen – was teilweise gar nicht so banal ist, wie es klingt. Denn wir Menschen sind nicht immer ehrlich, teilweise nicht mal zu uns selbst. Dazu aber in Kürze mehr.

In erster Linie solltest du natürlich deine aktuelle Situation im Hinblick auf dein Selbstbewusstsein reflektieren. Nichtsdestotrotz halte ich es für äußerst hilfreich, deine Lebenslage in ihrer Gesamtheit zu analysieren. So werden potenzielle Zusammenhänge und Strukturen, welche sich sowohl positiv als auch negativ auf dein Selbstbewusstsein auswirken können, nicht außen vorgelassen. Vielleicht würden diese andernfalls sogar gänzlich verdeckt bleiben, was verlorenes Potenzial bedeuten würde. Darüber hinaus bin ich der Ansicht, dass der Mensch ganz generell in seiner Gesamtheit betrachtet werden sollte. Eine essenzielle Rolle spielt hierbei das persönliche Umfeld, worauf wir etwas später genauer eingehen werden.

Im Hinblick auf das Selbstbewusstsein empfehle ich, eine Unterteilung in zwei große Bereiche vorzunehmen: Die Analyse vergangener Ereignisse sowie die vorbereitende Analyse zukünftiger Situation, welche potenziell eine Belastung für dich darstellen könnten. Lass uns mit der Analyse vergangener Ereignisse beginnen. Gehe in dich und erinnere dich an Situationen, in denen du dich unwohl gefühlt oder eine große psychische Belastung wahrgenommen hast. Im nächsten Schritt überlege dir: Was genau ist passiert? Wie ist es dazu gekommen? Wie hast du dich am Anfang bzw. vorher, wie hast du dich am Ende bzw. im Nachhinein gefühlt? Wie hast du agiert bzw. reagiert?

Alle diese Fragen können als Hilfestellung fungieren und Struktur in deine Analyse hineinbringen. Natürlich musst du dich nicht eins zu eins daran halten und insbesondere dann, wenn dir Selbstreflexion leichtfällt, kannst du natürlich auch anhand anderer Fragen zu gleichwertigen Ergebnissen kommen. Ansonsten würde ich empfehlen, jene Fragen zumindest im Hinterkopf zu behalten. Schauen wir uns nun anhand eines Beispiels an, wie das Ganze im Konkreten ablaufen kann. Folgende Situation: Du bist auf einer Party, auf der du zwar ein paar Leute gut kennst, die meisten der anwesenden Partygäste dir jedoch völlig unbekannt sind. Nachdem alle deine Freunde anderweitig beschäftigt sind und du dich allmählich langweilst und fehl am Platz fühlst, beschließt du, die für dich fremde Person auf dem Sofa neben dir anzusprechen. Doch sofort kommen Selbstzweifel auf. Plötzlich wirkt deine Idee längst nicht mehr so gut wie gerade eben noch, als du deine zunehmende Langeweile und „Einsamkeit" des Abends überwinden wolltest. Nach Minuten des inneren Konfliktes mit dir selbst steht die entsprechende Person schließlich auf und verlässt den Raum, ohne dir groß Beachtung geschenkt zu haben. Also, was ist passiert? Du warst auf einer Party und wolltest jemanden ansprechen. Warum ist das passiert? Deine Freunde waren beschäftigt und du kanntest den Rest der Leute nicht. Du hattest also nichts zu tun. Trotzdem wolltest du nicht nur langweilig und still dasitzen. Die logische Folge für dich war, die Person neben dir anzusprechen. Wie hast du dich am Anfang gefühlt? Auf emotionaler Ebene überwogen Unsicherheiten, Selbstzweifel und die Angst vor Ablehnung bzw. einer negativen Reaktion. Diese Gefühle hielten dich lange davon ab, den Schritt zu wagen. Bis es zu spät war und die andere Person den Raum verlassen hatte. Wie hast du dich am Ende gefühlt? Erst setzte ein Gefühl der Wut auf dich selbst ein. Du warst enttäuscht von dir und wütend zugleich. Du hast bereut, dich nicht getraut und so viel Zeit mit deinen Selbstzweifeln verschwendet zu haben. Nach einiger Zeit wurden deine negativen Emotionen aber durch ein positives Gefühl der Erleichterung abgelöst: „Gott sei Dank habe ich es nicht getan. Vermutlich wäre ich nur auf Ablehnung gestoßen und habe mir so jede Menge Enttäuschung ersparen können."

Je mehr solcher Situationen du analysierst, desto genauer wirst du dich selbst und deinen Mangel an Selbstbewusstsein kennenlernen. Zudem besteht die Chance, dass du Zusammenhänge und Muster erkennst, welche Aufschluss darüber geben, welche Umstände deine Unsicherheit verstärken oder abschwächen.

Anhand dieser Analyse vergangener Ereignisse kannst du dich dann an die Arbeit machen, dir zu überlegen, mit welchen potenziell belastenden Situationen du dich in Zukunft konfrontiert sehen könntest. Überlege dir, wann es in der Vergangenheit zu Schwierigkeiten gekommen ist.

In welchen Situationen hattest du kein Selbstbewusstsein? In welchem Kontext ist das passiert? Und in welchem Kontext könnten ähnliche Probleme in der Zukunft auftreten? Um auf unser Beispiel zurückzukommen, könnte das Folgendes bedeuten: Nachdem du auf einer Party enorme Schwierigkeiten gehabt hast, jemanden anzusprechen, kann es gut sein, dass du dich am Arbeits-, Bildungs- oder Ausbildungsplatz mit einer ähnlichen Situation konfrontiert siehst. Darüber hinaus ist es auch hilfreich, sich zu überlegen, welche komplett neuartigen Situationen eine Belastung für dich darstellen könnten. Durch diese Analyse im Vorhinein minderst du die Wahrscheinlichkeit, dass dich zukünftige Ereignisse emotional überfordern und völlig aus der Bahn werfen. Du hast dich nämlich bereits emotional und mental auf ähnliche Ereignisse vorbereitet und sensibilisiert. Wir können die Zukunft nicht vorhersagen und folglich auch nie sicher sein, in welchen Situationen wir uns in Zukunft wiederfinden werden. Aber: Wir können sehr wohl einen „Pool“ an potenziell auftretenden Situationen erstellen. Je größer dieser Pool, desto größer die Chance, dass ein zukünftiges Ereignis in diesem vorhanden ist.

Vergleichbar ist dies mit der Vorbereitung auf eine Prüfung. Auch hier weißt du nicht, welche Fragen und Aspekte es letztlich auf das Papier der Prüfungsaufgaben schaffen werden. Was du aber weißt, ist, dass alle Fragen auf einem bestimmten Prüfungsstoff basieren. Dieser Prüfungsstoff wiederum wurde dir mitgeteilt bzw. zur Verfügung gestellt. Da du nicht weißt, welche konkreten Aspekte des Stoffs bei der Prüfung wichtig sein werden, beginnst du, Seite für Seite zu lernen. Je mehr und je besser du den Stoff verinnerlichst, desto höher ist die Wahrscheinlichkeit, dass die Prüfungsfragen und dein angeeignetes Wissen harmonieren und du die Prüfung problemlos absolvierst. Die Vorbereitung auf eine Prüfung ist im Endeffekt also auch nichts anderes, als das Einprägen von Informationen, welche dir eine zukünftige Situation erleichtern sollen.

Wir Menschen nehmen das Unbekannte immer als potenzielle Bedrohung war. Angst ist die Folge. In der Hinsicht wirkt Wissen wie eine Therapie, welche uns davor schützt, andauernd Unbekanntem hilflos zu begegnen. Diesem Schicksal waren viele Generationen in der Geschichte der Menschheit ausgeliefert. Durch unsere Sprache und die Weitergabe von Wissen müssen wir selbst diesen Prozess heute nicht mehr durchlaufen. Es macht einen enormen Unterschied, ob man mit dem Flugzeug nach Afrika fliegt, um dort bei einer Safari wildlebende Löwen zu beobachten – von welchen man bereits unzählige Male in Büchern, Filmen, auf Bildern oder im Internet gelesen bzw. gehört hat, – oder ob man als europäischer Entdecker der Antike das erste Mal auf einen Löwen stößt – ohne jemals zuvor von dieser Tierart gehört zu haben. Plötzlich steht da ein großes, wildes, völlig unbekanntes und womöglich gefährliches Tier. Angst- und Schockzustände sind die Folge. Bei der Safari bleiben jene Gefühle aus, da wir theoretisches Wissen über das Tier mitbringen. Wir sind uns im Klaren darüber, dass sehr wohl eine Gefahr von Löwen für uns Menschen ausgehen kann. Diese Gefahr können wir aber einschätzen und darüber hinaus verfügen wir über detailliertes Wissen, wie wir jene Gefahr minimieren können. So können wir letztlich freilebende Löwen beobachten, ohne um unser eigenes Leben fürchten zu müssen. Wir sehen also, dass uns Wissen davor schützt, dass uns neuartige Situationen völlig überfordern und uns mit Unmengen an Angst überschütten. Dieses Phänomen erleichtert uns unseren Alltag enorm, auch wenn wir darüber bewusst nicht nachdenken. Im Hinblick auf das Selbstbewusstsein machen wir uns dieses Prinzip aber ganz bewusst zunutze, indem wir potenziell belastende Situationen bereits im Vorhinein im Kopf durchgehen, um dann so gut wie möglich reagieren zu können, wenn es tatsächlich so weit kommt.

Unabhängig davon, ob du dich gerade mit der Analyse vergangener oder zukünftiger Situationen beschäftigst, gibt es ein paar Rahmenbedingungen, welche erfüllt sein sollten. Andernfalls besteht die

Gefahr, dass die Selbstreflexion wenig wirksam ist und somit wertvolles Potenzial verloren geht.

Den Anfang macht die Ehrlichkeit. Sei ehrlich zu dir selbst. Wir Menschen lügen leider nicht nur andere Menschen regelmäßig an; – mal gewollt und mal aus Versehen – so manches Mal belügen wir sogar uns selbst. Aber wie kann das sein? Warum sollten wir uns selbst nicht die Wahrheit eingestehen, wo wir doch ohnehin nichts vor uns selbst verheimlichen können? Nun, dem ist nicht ganz so. Sich selbst anzulügen kann als Art Bewältigungsmechanismus angesehen werden. Beispielsweise als Reaktion auf ein traumatisches Erlebnis. Enge Angehörige von Verstorbenen brauchen oft mehrere Tage, um zu realisieren, was eigentlich gerade passiert ist. Obwohl ganz klar feststeht, was geschehen ist und die Angehörigen darüber Bescheid wissen, wollen und können sie es nicht wahrhaben. Darüber hinaus sind wir oft nicht ganz ehrlich zu uns, wenn wir eine schwerwiegende Entscheidung getroffen haben und merken, dass es eigentlich die falsche Entscheidung war. In so einem Fall wollen wir uns selbst nicht eingestehen, dass wir einen Fehler gemacht haben. Bei der Analyse deiner Situation versuche also so ehrlich wie möglich zu sein, damit deine Überlegungen und Erkenntnisse mit der Situation in der Realität übereinstimmen.

Sich selbst zu belügen ist ein Schutzmechanismus, der uns vor negativen Emotionen bewahrt. Im Umkehrschluss bedeutet dies, dass ebendiese negativen Emotionen freigesetzt werden, wenn wir uns bewusst dazu entscheiden, diesen Schutzmechanismus abzulegen. Allein die Selbstreflexion deiner aktuellen Situation kann eine Belastung darstellen. Im Sinne der Vorbereitung auf potenziell belastende, zukünftige Situationen möchte ich dich darauf hinweisen, dass eine schonungslose Ehrlichkeit mit dir selbst zu einer Verschlechterung deines aktuellen Zustands führen kann. Nichtsdestotrotz ist diese Ehrlichkeit essenziell für deine persönliche Weiterentwicklung. Kommen wir zurück auf unser Beispiel mit der

Gewinnsteigerung vom Anfang dieses Kapitels: Stell dir vor, sämtliche Informationen und Daten bezüglich Vorjahresgewinn, Infrastruktur und sonstigen vorhandenen Unternehmensressourcen wären gefälscht. Wie solltest du dann jemals herausfinden, was zu tun ist, um den Gewinn zu steigern und dein Ziel zu erreichen?

Damit die positiven Aspekte dieser Ehrlichkeit überwiegen und du dich nicht von deinen womöglich neu aufgedeckten Schwächen oder Problemen erdrückt fühlst, möchte ich dir folgende Empfehlung ans Herz legen: Du darfst niemals einen Zusammenhang zwischen deiner Ist-Situation und deinem Selbstwert herstellen. Egal wie schlecht, wie gut, wie verzweifelt, wie glücklich oder wie nutzlos du dich fühlst: Du musst dir immer im Klaren darüber sein, dass all dies keinen Einfluss auf deinen Wert hat. Du bleibst immer gleich wertvoll, egal wie es dir geht oder was du tust. Behalte diesen Aspekt unbedingt im Hinterkopf, wenn du dich an die Analyse deiner Situation machst, um leichter mit Rückschlägen und Enttäuschung umgehen zu können. Erinnere dich außerdem daran zurück, dass deine aktuelle Situation nicht in Stein gemeißelt ist. Sie ist lediglich eine Momentaufnahme, die sich jederzeit ändern kann. Sie dient als Ausgangspunkt für dein großes Ziel. Fokussiere dich auf dieses Ziel und betrachte die Analyse deiner jetzigen Situation als wichtigen Schritt dorthin, von dem keine unmittelbaren, positiven Resultate erwartet werden sollten.

Zu guter Letzt ist es wichtig, dass du es nicht bei einem Mal belässt, sondern dich regelmäßig selbst reflektierst. Es kann gut sein, dass du gewisse Aspekte in einem Moment einfach nicht bedenkst oder ausblendest, um dich vor negativen Emotionen zu Schützen. Vielleicht feierst du gerade ein Erfolgserlebnis und deine sonst immer vorhandenen Unsicherheiten und Ängste wirken im Moment beinahe lächerlich. Unsere Emotionen haben starken Einfluss darauf, wie wir uns selbst wahrnehmen. Durch Regelmäßigkeit, im besten Fall täglich, reflektierst du dich sowohl an guten als auch an schlechten Tagen und kannst deine aktuelle Situation möglichst ganzheitlich und gleichzeitig in ihren verschiedenen Facetten erfassen. Darüber hinaus verändern wir uns mit der Zeit, was immer und immer wieder eine Neueinschätzung der Situation erforderlich macht. Außerdem möchtest du ja selbstbewusst werden und aktiv Schritte in Richtung dieses Ziels setzen, wodurch sich deine Situation erst recht verändern wird.

Jetzt ist aber endgültig Schluss mit der Theorie. Ab zur Praxis. Besonders am Anfang würde ich dir empfehlen, dir täglich kurz Zeit zur Selbstreflexion zu nehmen. Mache dir zu Beginn ein ausführliches Bild von dir selbst, deinem Leben und deiner aktuellen Situation. Lass dir ruhig Zeit dabei, um nichts zu übersehen. Dieses Bild dient dann als Ausgangspunkt und wird täglich um neue Aspekte ergänzt. Ein paar Minuten, beispielsweise nach dem Aufstehen oder vor dem Schlafengehen, reichen völlig aus. Am Morgen besteht der Vorteil, dass du noch unvoreingenommener bist, während du am Abend deinen Tag jeweils Revue passieren lassen und positive sowie negative Momente nochmals durchgehen kannst. Es hat also beides seine Vorteile, hier gibt es kein Richtig und Falsch. Wichtiger ist, dass du das Ganze ernst nimmst und regelmäßig ausübst. Bei Bedarf kannst du dich natürlich auch morgens und abends selbst reflektieren. Was ich aber auf alle Fälle empfehlen würde: Mach das Ganze nicht nur in Gedanken, sondern schreib deine Gedanken in irgendeiner Form auf. Egal ob handschriftlich oder digital – durch das Aufschreiben musst du jene Gedanken nicht andauernd im Gedächtnis behalten, was sehr erleichternd ist. Darüber hinaus kannst du deine aktuelle Verfassung mit jener bzw. jenen aus der Vergangenheit vergleichen und analysieren, welche Fortschritte du bereits gemacht hast. Ich selbst habe jeden Tag vor dem Schlafengehen meine Gedanken und Emotionen in den Laptop eingetippt. Es entstand quasi ein Art Tagebuch, aber nicht im klassischen Sinne. Es war mehr ein Tagebuch, welches, mal detailliert und mal nur sehr kurz, die

Ergebnisse meiner Selbstreflexion Tag für Tag beinhaltete. Auch heute lege ich nach wie vor großen Wert darauf, mich selbst zu reflektieren, wobei ich von täglich auf „gelegentlich" umgestellt habe. Nichtsdestotrotz achte ich darauf, mir zumindest ein bis zweimal die Woche Zeit dafür zu nehmen. Es hilft mir persönlich einfach enorm, zu wissen, wo ich im Leben stehe und wie ich mich selbst wahrnehme.

"You have brains in your head. You have feet in your shoes. You can steer yourself in any direction you choose. You're on your own. And you know what you know. You are the guy who'll decide where to go."

Dr. Seuss

7

Zieldefinition – Was möchte ich erreichen? Wo möchte ich hin? Welcher Mensch will ich sein?

Selbstreflexion und die Analyse deiner Ist-Situation sind natürlich wichtige Komponenten auf dem Weg zu mehr Selbstbewusstsein. Als Nächstes müssen wir dieses Ziel von „mehr Selbstbewusstsein" genau definieren, um anschließend gezielt Schritte in Richtung dieses Ziels gehen zu können. Wie dieses Ziel im Konkreten aussieht, kann und wird von Mensch zu Mensch unterschiedlich sein. Wichtig ist jedoch, dass du die für dich persönlich passenden Ziele findest und formulierst. Genau damit werden wir uns in diesem Kapitel auseinandersetzen. Wir werden uns sowohl mit Zielen auf lange Zeit beschäftigen – dem großen Ganzen, wovon im Hinblick auf Fixed vs. Growth Mindset immer die Rede war – als auch mit täglichen Zielen, welche dir deinen Alltag sowie den Weg zu deinen großen Zielen erleichtern sollen. Das Setzen von Zielen wird dir ein Gefühl von Kontrolle über dein Leben geben. Ebenfalls wirst du schnell merken, dass sich dein

Basislevel an Selbstbewusstsein automatisch erhöht, wenn du dich in verschiedenen Bereichen deines Lebens verbesserst und an dir arbeitest.

7.1 Ziele auf lange Zeit

Beginnen wir mit der Zielsetzung auf lange Zeit. Hierfür möchte ich dir die sogenannte SMART-Methode von Peter Drucker näherbringen. Jene dient als Hilfestellung zur Formulierung von Zielen. Ursprünglich aus dem Bereich des Projektmanagements kommend, lässt sich die SMART-Methode auch sehr schön in der Persönlichkeitsentwicklung anwenden. SMART setzt sich als Akronym aus den Worten „spezifisch", „messbar", „aktivierend", „realistisch" und „terminiert" zusammen. Je besser ein gesetztes Ziel jene fünf Kriterien erfüllt, desto höher die Aussicht auf Erfolg. So weit, so gut.

Beginnen wir bei „spezifisch". Ziele sollten „spezifisch" – also präzise, genau und eindeutig – formuliert sein, damit du immer genau darüber Bescheid weißt, woraufhin konkret du eigentlich hinarbeitest. Ziele sollten „messbar sein". Messbar deshalb, damit du genau bestimmen kannst, ob und wie weit du dem Ziel nähergekommen bist. Für den Aspekt „aktivierend" werden teilweise auch andere Begriffe wie „attraktiv" oder „akzeptiert" verwendet. Im Endeffekt geht es jedenfalls darum, dass du selbst ein Motiv bzw. eine Motivation hast, dieses Ziel zu erreichen. Irgendetwas, dass dich dazu animiert, aktiv auf dieses Ziel hinzuarbeiten. Anhand eines Beispiels werde ich dir in Kürze ohnehin verdeutlichen, wie sich das Ganze in der Praxis äußert. Außerdem sollten Ziele „realistisch" – also erreichbar und realisierbar – sein. Andernfalls besteht die Gefahr, dass du bereits nach kürzester Zeit die Motivation verlierst, weil dein Ziel irgendwo in unerreichbarer Ferne liegt. Zu guter Letzt ist es wichtig, Ziele „terminiert" zu setzen. Ziele sollten über ein fixes Datum bzw. einen fixen Zeitrahmen verfügen.

In der Praxis gestaltet sich die Anwendung der SMART-Methode folgendermaßen: Anstatt dir vorzunehmen, selbstbewusster zu werden, versuche Ziele aufzustellen, welche alle fünf SMART-Kriterien erfüllen. Ein Beispiel:

„Ich möchte bis zum Ende dieses Jahres meine Angst, mit fremden Leuten in Kontakt zu kommen, überwinden, indem ich an mindestens fünf Tagen in jeder Woche jeweils mindestens drei fremde Personen anspreche."

Im ersten Schritt haben wir das Ziel von mehr Selbstbewusstsein auf einen spezifischen Teilbereich von Selbstbewusstsein drastisch reduziert. Wenn du dich selbst dabei schwertust, mit neuen Leuten in Kontakt zu kommen, könnte so ein Ziel sinnvoll für dich sein. Aber: Nur dann, wenn du auch das Bedürfnis hast, an diesem Defizit zu arbeiten. Denn nur dann ist auch das Kriterium „aktivierend" erfüllt. Wenn du selbst gar nicht überzeugt von der Idee bist, wirst du vermutlich zu wenig Motivation haben, um das Ziel realistisch betrachtet zu erreichen. Durch das Definieren eines konkreten Datums – in dem Fall der 31. Dezember – hast du zudem auch ein zeitliches Ziel. Du musst nicht ab sofort dein Leben lang fremde Menschen ansprechen, sondern hast ein Ablaufdatum dieses Ziels, was zusätzlich Motivation geben kann. Darüber hinaus kannst du nach Ende dieser Frist analysieren und neu evaluieren, was bisher passiert ist und wie es von nun an weitergehen soll. Hier kommt die Kategorie „messbar" ins Spiel. Du kannst messen, ob du an mindestens fünf Tagen pro Woche mindestens drei Personen angesprochen hast. Wenn dies der Fall ist, gilt das Ziel als erreicht. Ist dies nicht der Fall, kannst du dir sicher sein, dass du dein Ziel verfehlt hast.

Was auf den ersten Blick sehr negativ klingt – zu wissen, dass das Ziel nicht erreicht wurde – hat auch einen sehr wichtigen positiven Aspekt. Zu wissen, dass man gescheitert ist, ist um Welten besser, als zu scheitern, ohne zu wissen, ob man gescheitert ist oder nicht. Wissen ist bekanntlich Macht. Und Macht ermöglicht es uns, zu handeln. Also: Nun geht es an die Analyse. Was ist falsch gelaufen? War ich bei der Zielsetzung zu ambitioniert und habe ich meine eigenen Fähigkeiten überschätzt? Habe ich es aus zeitlichen Gründen oder aber aufgrund meines mangelnden Selbstbewusstseins nicht geschafft, ausreichend Menschen anzusprechen? Anschließend kannst du dein nächstes Ziel entsprechend anpassen. Wenn du bereits vor dem festgelegten Enddatum merkst, dass dein Ziel zu hoch oder zu niedrig angesetzt ist, kannst du natürlich auch während du auf dieses Ziel hinarbeitest jederzeit Änderungen vornehmen.

Ob du letztendlich bei deiner persönlichen Zielsetzung auf die SMART-Methode zurückgreifen möchtest oder nicht, bleibt dir überlassen. Ich selbst habe damit nur gute Erfahrungen gemacht und möchte sie dir aus ebendiesem Grund empfehlen. Meines Erachtens ist es besonders wichtig, seine Ziele konkret zu definieren, anstatt sich vorzunehmen, einfach nur „mehr Selbstbewusstsein" zu erlangen. Zumindest diesen einen Punkt würde ich dir also auf alle Fälle ans Herz legen. Zu erwähnen ist auch noch, dass sich ein Mangel an Selbstbewusstsein natürlich kaum auf nur einen einzigen spezifischen Bereich, wie jenen aus dem Zielsetzungs-Beispiel, beschränkt. Wenn du selbst drei oder vier Bereiche festgestellt hast, in denen du dich durch mangelndes Selbstbewusstsein eingeschränkt fühlst, dann setze dir einfach mehrere Ziele. Ein Ziel für jeden Bereich.

Nimm dir ebenso wie für die Analyse der Ist-Situation Zeit, in der du dich ausführlich damit beschäftigst, wo du eigentlich hinmöchtest. Versuche, daraus konkrete Ziele abzuleiten und zu definieren. Ich würde dir wieder empfehlen, deine Gedanken, Ideen und Ziele aufzuschreiben. Auch würde ich dir raten, dass du deinen Fortschritt täglich oder wöchentlich, je nach Art des Ziels, festhältst, damit du genau nachvollziehen kannst, wann du was erreicht hast oder womit du dich noch schwertust. Dies könntest du beispielsweise in die tägliche Selbstreflexion am Abend mit einbauen – dich einfach ein paar Minuten damit auseinandersetzen, welche Fortschritte du heute gemacht hast.

7.2 Tägliche Ziele

Zu deinen Zielen auf lange Zeit bilden tägliche Ziele das Pendant. Während letztere im Vergleich zu den Zielen auf lange Zeit deutlich kleiner und unter Umständen „leichter“ zu erreichen sind, sind sie ebenso ein wichtiger Bestandteil auf dem Weg zu mehr Selbstbewusstsein. Sie sollen als Hilfe dienen, dir deinen Alltag erleichtern und einen positiven Lebensstil sowie ein positives Lebensgefühl schaffen. Außerdem spielen sie eine wichtige Rolle im Hinblick auf unsere Identität, welche wiederum großen Einfluss auf unser Selbstbewusstsein hat.

Um vorab zu klären, was ich im Konkreten überhaupt meine, wenn ich von „täglichen Zielen“ spreche, möchte ich diese täglichen Ziele in zwei Gruppen unterteilen: Zum einen wären da Ziele, welche nicht täglich neu, sondern nur ein Mal oder zumindest unregelmäßig aufgestellt bzw. abgeändert werden. Zu den täglichen Zielen gehört diese Gruppe deshalb, weil es darum geht, ein gewisses Ziel Tag für Tag zu erreichen, wie zum Beispiel: „Ich möchte jeden Tag fünf bis zehn Minuten meditieren und mindestens eine halbe Stunde Sport machen.”

Im Gegensatz dazu haben wir auch Ziele, welche täglich neu für den nächsten Tag definiert werden. Im Grunde handelt es sich dabei um eine Art To-do-Liste, wobei dieser Vergleich nicht zu hundert Prozent korrekt ist. Mögliche Ziele dieser Gruppe könnten beispielsweise sein, am nächsten Tag eine Stunde früher schlafenzugehen oder einen kompletten Tag lang auf sein Smartphone zu verzichten.

Schauen wir zuerst die täglichen Ziele im Sinne von „was möchte ich jeden Tag machen oder erreichen“ an. Bevor es an die Zielsetzung geht, nimm dir ausführlich Zeit, um in dich selbst hineinzuhören, und überlege dir, wie du dich gerne fühlen würdest. Wie könnte deine aktuelle Situation aussehen, damit du dich besser fühlst? Wie sollte dein Leben im großen Ganzen aussehen? Schreibe deine Gedanken ruhig wieder auf. Selbst

Kleinigkeiten würde ich empfehlen zu notieren, da so bisher unentdeckte Wünsche, Sorgen und Ideen ans Licht kommen. Manchmal zumindest. Anhand dieser Selbsteinschätzung versuche dann, Ziele für verschiedene Aspekte des Lebens wie Gesundheit, Karriere, Finanzen, Beziehungen oder Lifestyle aufzustellen. Sofern du noch andere Ideen hast, beschränke dich bitte keinesfalls auf die von mir eben genannten Kategorien. Lass deiner Kreativität freien Lauf. Das Wichtigste ist, dass du deine Ziele so setzt, dass sie möglichst gut auf dich selbst abgestimmt sind und zu dir passen, damit du den größtmöglichen Nutzen aus diesen täglichen Zielen ziehen kannst.

Was diese täglichen Ziele so besonders und hilfreich macht und wie diese mit den Zielen auf lange Zeit in Verbindung stehen, werden wir uns in Kürze genauer ansehen. Zuvor möchte ich dir noch ein paar Tipps und Beispiele geben, wie du diese täglichen Ziele für dich definieren kannst. Wie bereits erwähnt, sind die von mir vorhin erwähnten Kategorien nicht in Stein gemeißelt, sondern dienen lediglich als Orientierungshilfe. Sehen wir uns beispielsweise das Thema „Gesundheit“ als Erstes an. Hier könnte ein mögliches tägliches Ziel etwa folgendermaßen lauten: „Ich nehme mir vor, jeden Tag Sport zu machen.“ So simpel dieses Ziel auch klingen mag, so schwer kann es sein, sich tatsächlich jeden Tag daran zu halten. Ebendieser Aspekt macht aber den Unterschied. Aus eigener Erfahrung kann ich berichten, dass selbst ein Zehn-Minuten-Workout an manchen Tagen Unmengen an Überwindung und Willenskraft kosten kann. Doch wenn es gelingt, seine tägliche Sport-Routine einzuhalten, so ist das Erfolgserlebnis dafür umso größer – Routine bezieht sich hierbei übrigens nicht auf die Art von Sport, einen bestimmten Trainingsplan oder Ähnliches, sondern lediglich auf die Regelmäßigkeit. Ob fünf Kilometer joggen am Abend, ein morgendliches Workout oder ein Nachmittag lang Beachvolleyball mit Freunden – wichtig ist in erster Linie die Regelmäßigkeit.

Solch ein Ziel kann auf vielerlei Arten zu deinem Wohlbefinden beitragen. Einerseits werden beim Sport an sich Glückshormone ausgeschüttet, unabhängig vom Kontext, in dem das Ganze stattfindet. Diese positive Auswirkung würde also auch unabhängig von der täglichen Zielsetzung eintreten. Darüber hinaus hält uns Sport fit, was uns wiederum ein besseres Gefühl im Alltag gibt und körperlichen Anstrengungen gelassener entgegentreten lässt. Natürlich beugt Sport auch, insbesondere bei regelmäßiger Ausübung, Krankheiten vor und hält uns gesund. In Kombination mit dem Ziel, täglich Sport zu machen, hast du so also das volle Erfolgserlebnis: Du tust dir selbst, deinem physischen und psychischen Wohlbefinden etwas Gutes und hast zusätzlich die nötige Willenskraft und Disziplin bewiesen, die es braucht, um dein tägliches Ziel zu erreichen. Da kann selbst ein kurzes Workout einen bedeutenden Unterschied machen und den Tag zum Positiven beeinflussen.

Des Weiteren – und jetzt kommen wir zu einem ganz wichtigen Punkt – wirst du dich durch deine Bemühungen rund um deine täglichen Ziele mit der Zeit in den einzelnen Bereichen immer besser fühlen. Wenn du regelmäßig Sport machst, wirst du dich mit der Zeit sportlicher, vielleicht gesünder und vielleicht wohler in deinem Körper fühlen. Wenn du dir Ziele bezüglich Finanzen setzt und dadurch finanziell besser aufgestellt bist, musst du dir weniger Gedanken um deine finanzielle Zukunft machen. Ziele im Hinblick auf Beziehungen lassen dich vielleicht ein besseres Verhältnis zu deiner Familie, Freunden oder anderen Angehörigen bzw. Bezugspersonen aufbauen und geben dir ein Gefühl von Sicherheit und Wertschätzung. All diese positiven Aspekte sind kleine Bausteine, welche dazu beitragen, dass du dich insgesamt besser fühlst, selbst wenn du deinen großen Zielen auf lange Zeit gefühlt nicht nähergekommen bist. Doch auch dem ist nicht so. Denn: Jene positiven Entwicklungen führen dazu, dass dein Basislevel an Selbstbewusstsein und Selbstvertrauen kontinuierlich steigt. Dies beeinflusst wiederum deine Identität. Du fühlst dich nun besser – ein Stück selbstbewusster. Du nimmst dich also anders wahr als früher. Und somit nimmt die Kluft zwischen deiner eigenen Identität und

Handlungen, welche deiner aktuellen Identität eigentlich widersprechen, ab. Es kostet dich also weniger Überwindung, Dinge zu tun, welche eigentlich nicht mit deinem Mangel an Selbstbewusstsein und den daraus resultierenden Ängsten und Unsicherheiten vereinbar wären.

Weitere Ziele, auch im Hinblick auf andere Kategorien, könnten beispielsweise sein: Sich jeden Tag eine halbe Stunde vor dem Schlafengehen Zeit zu nehmen, um ein Sachbuch zu lesen und sich so weiterzubilden. Oder eine gewisse Anzahl an Schritten, die du jeden Tag erreichen willst, zu gehen. Jeden Tag die Nachrichten zu checken. Ausreichend Wasser zu trinken. Eine gewisse Anzahl an Stunden in Bildung oder Arbeit zu investieren. Und so weiter. Sofern du selbstständig bist oder direkten Einfluss auf dein Gehalt hast, kannst du dir natürlich auch ganz konkrete finanzielle Ziele setzen, wie: „Ich möchte täglich mindestens eine Summe X verdienen." Wie du siehst, können tägliche Ziele sehr vielseitig gestaltet sein und es ist unter Umständen gar nicht so einfach, vernünftige Ziele für sich selbst zu finden und zu formulieren – es lohnt sich aber allemal.

Neben all diesen Versprechungen und positiven Auswirkungen sollten wir aber auch auf die Schattenseiten eingehen, um größeren Enttäuschungen vorzubeugen bzw. darauf vorzubereiten. Es kann nämlich sehr schwer sein, gewisse Dinge wirklich Tag für Tag durchzuführen ohne jegliche Ausnahme. Besonders belastende Situationen oder Momente, in denen du dich deutlich schlechter fühlst als sonst, stellen solche täglichen Ziele auf die Probe. Enttäuschungen und Rückschläge führen oft dazu, dass wir den Sinn von täglichen Zielen nicht mehr sehen, weil wir vielleicht ohnehin keinen Ausweg sehen. Hier möchte ich erwähnen, dass solche Erfahrungen zwar nicht schön, aber „normal" sind und uns alle betreffen können. Wichtig ist, nach so einem Rückschlag wieder voll anzugreifen und so bald wie möglich wieder an sich und seinen Zielen zu arbeiten. Wenn du dich also emotional nicht in der Lage dazu siehst, heute noch Sport zu machen, dann mach nicht den Fehler, dir ein scheinbar „ideales"

Datum für die Wiederaufnahme dieses Ziels zu suchen. Warte nicht bis nächste Woche oder bis das Wetter besonders gut geeignet ist, sondern versuche nach Rückschlägen so schnell wie möglich wieder in deine alte Routine zurückzufinden. Du solltest dir aber auch niemals selbst Vorwürfe machen, falls du dieses oder jenes Ziel nicht eingehalten hast. Betrachte einen Rückschlag im Nachhinein als bereits geschehen. Was war, liegt in der Vergangenheit und darauf kannst du keinen Einfluss mehr nehmen. Du kannst dir deinen „Fehler" schönreden oder dich selbst fertig machen – egal wie du reagierst, es wird an der Situation an sich nichts mehr ändern können. Fokussiere dich stattdessen voll und ganz auf Gegenwart und Zukunft und versuche, es ab sofort besser zu machen.

Um dir den Einstieg in dieses Thema der täglichen Ziele zu erleichtern, möchte ich dir folgenden Tipp mitgeben, welcher mir selbst sehr geholfen hat: Der Anfang ist das Wichtigste und es ist keinesfalls notwendig, von heute auf morgen von null auf hundert durchzustarten oder seinen Alltag komplett umzukrempeln, nur um möglichst viele verschiedene Ziele zu erreichen. Konzentriere dich anfangs stattdessen auf ein, zwei Aspekte – Sport und eine gesunde Ernährung eignen sich hierfür besonders gut – und versuche, eine solide Basis zu erschaffen und Momentum aufzubauen. Später, wenn deine anfänglichen Ziele mehr oder weniger zur Routine geworden sind und du dich bereit für mehr fühlst, kannst du natürlich Ziele aus anderen Bereichen hinzufügen und dich so Schritt für Schritt steigern.

Wie bereits in der Einleitung erwähnt, gibt es auch noch eine andere Gruppe von täglichen Zielen. Jene Ziele, welche nur für den nächsten Tag oder für die nächsten paar Tage gedacht sind. Folglich müssen diese regelmäßig neu aufgestellt werden. Hierfür würde ich empfehlen, jeden Tag am Abend zu überlegen, was du am nächsten Tag tun oder aber lieber lassen solltest. Dieses „lieber lassen" ist auch der Grund, warum der Vergleich mit der To-do-Liste nicht ganz passt. Denn zweifelsohne werden diese täglichen Ziele viele Dinge beinhalten, die du erledigen möchtest.

Genauso wichtig sind aber auch Dinge, die du eben nicht tun willst, um dich besser zu fühlen. Ein klassisches Beispiel hierfür wäre, Abstand von Social Media, dem Smartphone oder gar dem Internet zu halten – mit diesem heiklen Thema werden wir uns im nächsten Kapitel aber ohnehin noch sehr genau auseinandersetzen, wenn es um die Analyse des Umfelds geht. Andere Beispiele für solche täglichen Ziele wären, früher aufzustehen oder früher schlafenzugehen als sonst, etwas Gesundes zum Mittag zu kochen oder aber – im klassischen Sinne einer To-do-Liste – gewisse Aufgaben und Projekte zu erledigen oder zu beginnen. Auch hier kannst du wieder kreativ sein und für dich selbst überlegen, was du am nächsten Tage gerne anders machen würdest als sonst oder was dir dabei helfen könnte, dich besser zu fühlen.

Ebenso wie die erste Gruppe von täglichen Zielen tragen auch diese Ziele zu deinem generellen Wohlbefinden sowie einem Basislevel an Selbstvertrauen und Selbstwertgefühl bei. Darüber hinaus zeigt das Setzen und Einhalten von täglichen Zielen im Gesamten auch noch auf eine ganz andere Art und Weise ebenso positive Effekte: Dadurch, dass du immer etwas ganz Konkretes vor Augen hast, auf das du dich konzentrieren und kontinuierlich hinarbeiten kannst, entsteht das Gefühl, dass du dein Leben im Griff hast. Im Gegensatz zu langfristigen Zielen kannst du Tag für Tag Ergebnisse einfahren, indem du deine für dich definierten Ziele erreichst, und hast so Tag für Tag ein Erfolgserlebnis. Du handelst proaktiv und gestaltest deinen Alltag – und somit dein Leben – ganz nach deinen Bedürfnissen, Ambitionen und Vorstellungen. Wenn du zuvor das Gefühl hattest, dein Leben nach den Vorstellungen anderer zu leben oder wenig bis keinen Einfluss auf deine eigene Situation zu haben, so sind tägliche Ziele ein bestens geeigneter Weg, um eine Verschiebung hinsichtlich dieser Wahrnehmung zu bewirken. Sofern du dich immer an anderen orientiert hast und dabei selbst zu kurz gekommen bist, musst du dich jetzt notwendigerweise mehr mit dir selbst beschäftigen und dir

Zeit für dich selbst nehmen. Infolgedessen verschiebst du deinen Fokus mehr auf dich selbst und lernst, dass du dein Leben sehr wohl nach deinen eigenen Vorstellungen gestalten kannst. Auch wenn du Letzteres bereits tust, deine Wahrnehmung aber nicht mit der Realität übereinstimmt und du das Gefühl hast, irgendwie dennoch wenig Einfluss auf dein Leben zu haben: Diese täglichen Ziele erinnern dich regelmäßig – nämlich jeden Tag – daran, dass du sehr wohl proaktiv handelst und selbst über dein eigenes Leben bestimmst. Das Leben geschieht nicht mit dir, sondern wegen dir – du selbst bist dein eigener Protagonist. Du selbst sitzt vorne links auf dem Fahrersitz und entscheidest, wie schnell es vorangeht und ob es bei der nächsten Kreuzung nach links oder rechts weitergehen soll. Dieses Mindset verfestigt sich mit jedem Tag, an dem du an deinen Zielen arbeitetest, und trägt sowohl zu deinem Selbstbewusstsein als auch zu deinem allgemeinen Wohlbefinden maßgeblich bei.

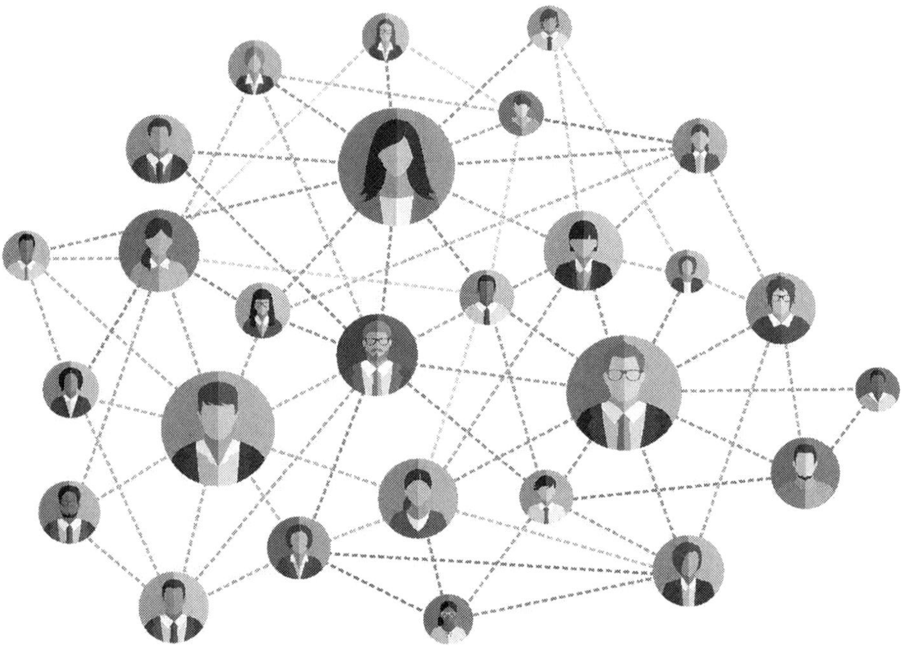

"As long as you look for someone else to validate who you are by seeking their approval, you are setting yourself up for disaster. You have to be whole and complete in yourself. No one can give you that. You have to know who you are – what others say is irrelevant."

Nic Sheff

8

Analyse des Umfelds

Auf unserem Weg zu mehr Selbstbewusstsein haben wir im Rahmen der Selbstreflexion und der Analyse der Ist-Situation geklärt, wo du aktuell stehst. Auch das Setzen von Zielen sollte nun erledigt sein. Eigentlich steht uns also nichts mehr im Weg, endlich anzupacken und aktiv zu werden – wenn da nicht noch diese eine Sache wäre. Wir Menschen sind nämlich evolutions- und gesellschaftlich bedingt soziale Wesen. Sofern du also nicht als Einsiedler irgendwo abgeschieden von jeglicher Zivilisation verweilst, stehst du höchstwahrscheinlich in irgendeiner Form mit anderen Menschen in Kontakt. Ein Faktor, den wir nicht außen vorlassen sollten. Denn unsere sozialen Kontakte und unser Umfeld können mitunter bedeutend viel Einfluss auf unser eigenes Leben, unseren Alltag und vor allem auch unser Selbstbewusstsein haben. Zum einen kann uns unser Umfeld sowohl daran hindern als auch darin fördern, unseren Alltag so zu gestalten, dass wir unserem Ziel näherkommen. Zum anderen legen wir als soziale Wesen großen – manches Mal zu großen – Wert darauf, wie wir von anderen wahrgenommen werden und was andere über uns denken. Dies wiederum beeinflusst, wie wir uns selbst wahrnehmen – und somit auch unser Selbstwertgefühl und Selbstbewusstsein.

8.1 Wer oder was beeinflusst mich?

Beginnen wir wieder damit, zu analysieren. Wer oder was beeinflusst mich? Auf welche Art und Weise? Positiv oder negativ? Geh in dich und überleg dir, welche Menschen dich potenziell daran hindern, zu wachsen. Hast du vielleicht einen Freundeskreis, der dich runterzieht? Musst du dich vielleicht verstellen und kannst nie wirklich du selbst sein, um dazuzugehören und Anerkennung zu erfahrenen? Existieren Abhängigkeitsverhältnisse in deinem Leben, welche an deinem Selbstwert nagen und dir das Gefühl geben, du würdest nicht dein eigenes Leben leben, sondern das eines anderen? Haben gewisse Leute falsche oder zu hohe Erwartungen an dich, welche du unmöglich erfüllen kannst oder einfach nicht erfüllen willst? Befindest du dich in einer toxischen Beziehung, in welcher die negativen die positiven Aspekte überschatten, dir aber der Wille oder die Kraft fehlt, deinen eigenen Weg zu gehen?

Ich würde sogar einen Schritt weiter gehen und analysieren, welche Strukturen oder Gewohnheiten dich eventuell negativ beeinflussen. Beispiele hierfür wären eine angespannte, unbehagliche Atmosphäre am Arbeits-, Ausbildungs- oder Bildungsplatz oder eine belastende familiäre Situation. Bezüglich Gewohnheiten kann ich aus eigenen Erfahrungen berichten, dass wir oft Dinge tun, die wir eigentlich gar nicht wirklich tun wollen. Wir machen es nur, weil es eine Gewohnheit ist. Genau solche Dinge sind es, die den Weg zu mehr Selbstbewusstsein erschweren oder unnötig in die Länge ziehen. Aus diesem Grund erachte ich es für sinnvoll, wenn nicht sogar notwendig, sich früh genug mit der Analyse des Umfelds auseinanderzusetzen, um sämtliche potenziell hindernde Beziehungen und Strukturen zu erkennen und anschließend Wege zu finden, damit umzugehen. Keine Sorge – ich werde dir in diesem Kapitel nicht dazu raten, einen Kontakt nach dem anderen abzubrechen, bis du am Ende allein mit deinem neu erworbenen Selbstbewusstsein dastehst. Dies ist selbstverständlich nicht das, worauf wir hinarbeiten. Und darüber hinaus wäre es sowieso kontraproduktiv, da gute zwischenmenschliche Beziehungen essenziell für unser Selbstbewusstsein sind.

Eine ganz wesentliche Rolle hierbei spielt jedenfalls ein Bereich, den viele gar nicht auf dem Schirm haben – dessen Auswirkungen hingegen immens sind. Die Rede ist von Social Media. Egal ob Youtube, Facebook, Instagram, Tik-Tok oder sonstige Social Media-Plattformen: In den sozialen Medien sehen wir uns in kürzester Zeit mit unzähligen, hunderten bis tausenden, anderen Menschen gleichzeitig konfrontiert. Darüber hinaus zeigen jene Plattformen in den allermeisten Fällen eine völlig verzerrte Realität von unrealistischen Schönheitsidealen und vom „perfekten Leben". Man kann dies auch keinem so richtig zum Vorwurf machen, denn natürlich postet man lieber Aufnahmen von schönen Momenten und Erlebnissen, als von besonders traurigen Momenten. Das Resultat dieses Phänomens ist nichtsdestotrotz in vielerlei Hinsicht problematisch und kann unser Selbstbild, Selbstwertgefühl und Selbstbewusstsein stark negativ beeinflussen.

Gemäß dem britischen Psychologen Robin Dunbar sind wir Menschen dazu in der Lage, maximal 150 Beziehungskontakte zu haben, bedingt durch Größe und Aufbau unseres Gehirns. Es handelt sich hierbei um die sogenannte „Dunbar-Zahl", welche im allgemeinen den Zusammenhang zwischen Gehirnaufbau und maximaler Gruppengröße von Säugetieren beschreibet. In unserem Fall sind es eben diese 150. Obwohl umstritten ist, inwiefern sich diese Zahl auf den virtuellen Bereich übertragen lässt, in welchen soziale Netzwerke fallen, sagt uns dies, dass wir grundsätzlich nicht dazu gemacht sind, mit mehr als 150 Leuten Kontakt zu pflegen. Fest steht jedenfalls, dass die allermeisten Menschen, mich selbst eingeschlossen, im

Internet mit weitaus mehr Menschen als diesen 150 in Kontakt stehen, wobei ich ein schnelles Liken eines Fotos in diesem Kontext als Kontakt zählen würde. Denn – und nun kommen wir zum entscheidenden Punkt – so bekommen wir ständig Einblicke in die Leben anderer. Wir bekommen überwiegend schöne Einblicke, was unser eigenes Leben im Vergleich plötzlich ziemlich leer, langweilig, unschön oder trist ausschauen lässt. Über Social Media wird uns ein falsches Idealbild vermittelt, welches wenig bis nichts mit der Realität zu tun hat – und so vergleichen wir uns selbst ständig mit diesem falschen Idealbild, welches kein Mensch jemals in der Realität erreichen wird. Selbst wenn du dir darüber nicht im Klaren bist, passiert dies zumindest unterbewusst. In gewisser Art und Weise kann man diesem Phänomen nicht entkommen – es sei denn, man schränkt seine Zeit auf Social Media ein und nimmt Abstand von all dem.

Ohne Social Media und die damit verbundenen Möglichkeiten schlecht machen zu wollen – ich bin eigentlich ein großer Fan von Social Media – muss man festhalten, dass soziale Medien heutzutage einen immens großen Einfluss auf unsere psychische Gesundheit haben. Sie erzeugen gesellschaftlichen Druck, sich anzupassen und besser zu sein, was nicht ohne Folgen bleibt. Soziale Phobien, Essstörungen, Depressionen und auch ein vermindertes Selbstwertgefühl sowie Selbstbewusstsein können durch „falsche" Nutzung sozialer Medien begünstigt werden oder gar erst entstehen. Aber wie kann ich mich vor all dem schützen? Das sehen uns wir jetzt an.

8.2 Wie kann ich lernen, damit umzugehen?

Um gleich einmal mit einem Beispiel aus der Praxis zu beginnen, möchte ich ein wenig von mir selbst erzählen. Im großen Ganzen habe ich damals zwei große Bereiche ausgemacht, welche mich daran hinderten, meinen eigenen Interessen und Bedürfnissen ausreichend nachzugehen. Zum einen wäre da meine Zeit im Fußballverein. Nachdem ich damals in der Grundschule unbedingt mit dem Fußballspielen beginnen wollte und nach meinem anfänglichen Zögern endlich mutig genug gewesen bin, den entsprechenden Schritt zu machen und zum ersten Training zu fahren, hatte ich zweifellos eine wunderschöne Zeit voller Höhen und Tiefen, voller Freude und weniger schönen Momenten. Das ist ganz normal und ich würde definitiv behaupten, dass mich jene Zeit stark beeinflusst und bezüglich meiner Persönlichkeit und meinen emotionalen Stärken geprägt hat. Nichtsdestotrotz gab es irgendwann einen Punkt, an dem die negativen Aspekte überwogen und ich die Freude am Fußballspielen verlor. Dieser Punkt war am Ende der letzten Jugend-Saison, als feststand, dass ich nie wieder mit meiner vertrauten Mannschaft spielen würde. Stattdessen ging es jetzt zu den Großen – Erwachsenenfußball stand auf dem Programm. Ich hatte eigentlich schon Jahre zuvor für mich entschieden, meine „Karriere“ nach der Jugend zu beenden. An dieser Überzeugung hatte sich nie etwas geändert. Mein Trainer wusste davon. Aber ehe ich mich versah, stand ich bereits im Kader der Herrenmannschaft für ein erstes Testspiel. Darauf folgte dann ein zweites Testspiel. Und danach folgte Training um Training. Ein ganzes weiteres Jahr lang blieb ich meinem Verein treu. Ein Jahr, welches rückblickend sehr unvorteilhaft für mein Wohlbefinden und meine Persönlichkeitsentwicklung war.

Ich fühlte mich fremdbestimmt. Es war nicht wirklich meine Entscheidung, weiterzuspielen. Es war eher so, dass davon ausgegangen wurde, dass alle, die das nötige Potenzial aufweisen, automatisch den Schritt von der Jugend- in die Herrenmannschaft machen. Ich selbst hatte damals nicht den Mut, „Nein“ zu sagen. Ich traute mich nicht, zu sagen, dass ich jenes erste Testspiel überhaupt gar nicht absolvieren will, da ich aufhören will mit Fußball. Ich hatte Angst vor den Reaktionen der anderen und stellte so mein eigenes Wohl hintenan. Heute würde ich sagen, ich habe damals falsch gehandelt. Gleichzeitig möchte ich mir selbst aber auch keine Vorwürfe machen. Immerhin tat ich, was ich tat nicht, um mir absichtlich zu schaden. Stattdessen fehlte es mir am nötigen Selbstbewusstsein, den entsprechenden Verantwortlichen anzurufen und klar zu sagen, was Sache ist.

Nichtsdestotrotz habe ich aus dieser Situation gelernt. Ich habe gelernt, ähnliche Situationen und frühzeitige Warnsignale zu erkennen. Somit habe ich potenziell Zeit, um zu handeln, bevor ich mich tiefer in die entsprechende Angelegenheit verstricke. Dies schwächt meistens die Konsequenzen eines „Neins“ bzw. eines Abbruchs. Damals habe ich ein Jahr zu lange gebraucht. Schlussendlich gelang es mir aber, nein zu sagen und meinen eigenen Weg zu gehen – zwei weitere wichtige Punkte, die ich von damals mitgenommen habe. Erstens: „Nein“ zu sagen ist oft schwer, aber enorm wichtig. Zweitens: Es ist nie zu spät, „Nein“ zu sagen. Meines Erachtens legt unser westliches Weltbild zu viel Wert darauf, immer nur zu entsprechen und nach den Vorstellungen anderer zu handeln. Der Fokus auf sich selbst, der gelegentlich auch ein klares und deutliches „Nein“ erfordert, kommt viel zu kurz. Dabei ist es enorm wichtig, sich auf sich selbst, seine eigenen Vorstellungen, Anforderungen, Wünsche, Bedürfnisse und Interessen zu fokussieren. Nicht im Sinne von Arroganz, Narzissmus oder Egoismus. Das wäre vielleicht auf kurze Sicht für das eigene Wohl einigermaßen vorteilhaft, schadet aber sowohl anderen als auch höchstwahrscheinlich deinem zukünftigen Ich. Mit dem Fokus auf sich selbst meine ich, eine Balance zwischen seinen eigenen Bedürfnissen und denen des persönlichen Umfelds zu schaffen. Eine Balance, mittelst welcher du selbst nie zu kurz kommst und auch anderen nicht schadest.

Des Weiteren kann ich absolut empfehlen, sich nicht ständig mit anderen zu vergleichen, sondern stattdessen auf sich selbst zu schauen. Hier kommen wir zu meinem zweiten Erlebnis neben der Geschichte mit dem Fußball – Social Media. Soziale Medien bzw. Plattformen sind die Orte schlechthin, wo wir uns ständig und in Rekord-Tempo mit anderen vergleichen. Social Media kann sehr schnell zu einer Sucht werden, was bei mir ganz klar der Fall war. Nach dem Aufstehen nahm ich erst einmal mein Smartphone zur Hand und begann zu scrollen. Den Start machte meist Instagram, über Facebook ging es anschließend auf YouTube – und dann das Ganze wieder von vorne. Es war ein regelrechter Teufelskreis, denn während ich auf der einen Plattform aktiv war, füllten sich die anderen bereits wieder mit neuen, scheinbar äußerst wichtigen Inhalten, welche ich natürlich nicht verpassen wollte. Selbst wenn es gelegentlich keine neuen Inhalte zu sehen gab, scrollte und suchte ich nach irgendetwas, was ich mir ansehen konnte. Neben meiner Angewohnheit, meinen Tag mit durchschnittlich mindestens einer Stunde Social Media zu starten, griff ich auch sonst in beinahe jeder freien Minute zum Smartphone. Das alles ging wie automatisch. Ich musste nicht groß nachdenken, was oder wie ich etwas tun würde. Meine Finger schienen ganz genau zu wissen, wo welche Apps zu finden waren und wie sich diese schnellstmöglich öffnen ließen. Mit der Zeit begriff ich, dass ich mir durch diese äußerst intensive Nutzung nur selbst schadete, und ich begann, wenn auch zögerlich, Schritte zu setzen, um diesem Teufelskreis zu entkommen.

Den Anfang machten hierbei tägliche Nutzungslimits. Ich stellte mir auf meinem Smartphone ein, dass ich jede Social Media App maximal eine halbe Stunde pro Tag nutzen darf. Sobald dieses Limit erreicht war, erschien ein Warnhinweis, der mich dazu bringen sollte, die entsprechende App heute nicht mehr zu nutzen. Nach nur zwei oder drei Tagen aber begann ich, die entsprechenden Warnungen gekonnt zu ignorieren und schon bald war ich Meister darin, jene wegzudrücken und überhaupt nicht mehr zu beachten. Sie erschienen zwar jeden Tag mehrmals, aber für mich war es, als würden sie überhaupt nicht existieren. Mein eigener Plan war also bereits nach wenigen Tagen völlig gescheitert.

Meine zweite Idee war es, regelmäßig Accounts zu entfolgen, wenn sie mich in irgendeiner Art und Weise runterzogen oder nicht so sehr interessierten, als dass ich täglich wertvolle Lebenszeit ihretwegen opfern wollte. Im Vergleich zur ersten Strategie funktionierte dies im Großen und Ganzen hervorragend. Ich muss aber fairerweise erwähnen, dass ich hierbei sehr konsequent vorgegangen bin und auch mal Accounts entfolgt bin, bei denen es mir schwerfiel, diesen Schritt zu gehen. Ich hatte die nötige Motivation und Willenskraft und hatte verstanden, dass es nicht so wichtig ist, was irgendjemand anderes, den ich kaum bzw. nicht kenne, im Internet von sich preisgibt. Stattdessen fokussierte ich mich auf mich selbst und mein eigenes Wohlbefinden. Mein vorheriges hoffnungsloses Scheitern mit den Zeitlimits hat sicherlich auch seinen Teil dazu beigetragen, dass ich es dieses Mal konsequenter anging.

Diese Praxis habe ich bis heute genauso beibehalten. Immer wieder gehe ich jene Accounts und Personen durch, denen ich folge, um allen nicht unbedingt notwendigen davon zu entfolgen. Dadurch schütze ich mich nicht nur davor, mich ständig mit anderen zu vergleichen, sondern spare zudem auch noch insgesamt Zeit, da ich schlicht und einfach die Menge an Inhalten, die mir auf den entsprechenden Plattformen angezeigt wird, reduziere. Trotzdem griff ich immer noch jeden Morgen zu meinem Smartphone und mit der Zeit bekam ich Lust auf „mehr". Ich nahm mir vor, einfach mal einen gesamten Tag lang auf mein Smartphone zu verzichten – und siehe da: Dieser eine Tag reichte aus, um beinahe Wunder zu bewirken. Nicht in dem Sinne, dass ich von da an nie wieder ein Smartphone benutzen wollte. Ganz im Gegenteil. Schon am nächsten

Morgen war ich eifrig dabei, herauszufinden, was ich alles im Internet verpasst hatte. Ich hatte aber realisiert, dass es möglich ist, auch heute noch ohne soziale Medien auszukommen und welch positive Auswirkungen dies haben kann. Ich fühlte mich an jenem Tag entspannter und weit weniger gestresst und ich nahm mir Zeit für Dinge, die ich eigentlich gerne tat, sonst aber immer zu kurz kommen ließ. Ich nahm mir mehr Zeit zum Essen, las zum ersten Mal seit langem wieder ein Buch und konnte deutlich besser einschlafen. Natürlich kann ich nicht mit Sicherheit sagen, ob letzteres tatsächlich auf meinen Social Media-Verzicht zurückzuführen ist. Nichtsdestotrotz fühlte ich mich einfach besser als sonst und selbst ohne diesen einen Aspekt war die positive Wirkung dieses Tages eindeutig.

Um aber nicht nur von meinen eigenen Erfahrungen zu erzählen, lass uns zusammenfassen, was ich dir mitgeben möchte, damit du in Zukunft besser in und mit deinem Umfeld zurechtkommst. Zuallererst rate ich dir definitiv dazu, dich auf dich selbst und dein eigenes Wohl zu fokussieren, ohne anderen dabei zu schaden. Steh zu dir selbst, deinen eigenen Emotionen und Bedürfnissen und kommuniziere jene nach außen, sofern möglich. Lerne „Nein" zu sagen und bestehende Strukturen und Gewohnheiten aufzubrechen, wenn du das für dich selbst als notwendig empfindest. Nur weil etwas schon immer oder schon lange so war, heißt das nicht, dass es auch in Zukunft so bleiben muss oder du in irgendeiner Art und Weise dazu verpflichtet wärst, dieses oder jenes aufrechtzuerhalten. Oft braucht es sogar Veränderung, damit wir den nächsten Schritt machen können und über uns selbst hinauszuwachsen – das berühmte Verlassen der eigenen Komfortzone. Handle entsprechend deiner eigenen Fähigkeit schnell und überzeugt, wenn du merkst, dass irgendetwas in deinem Umfeld falsch läuft. Gleichzeitig denk immer daran, dass es niemals zu spät ist, um für seine eigenen Bedürfnisse einzustehen.

Im Hinblick auf Social Media reflektiere zuallererst deine eigene Nutzung der entsprechenden Plattformen und mach dir bewusst, dass das, was du dort zu sehen bekommst, nicht der realen Welt entspricht, sondern vielmehr eine verzerrte, idealisierte Perspektive darstellt. Wenn du dir diese Information verinnerlichst, schwächst du die negativen Auswirkungen von Social Media auf dein Wohlbefinden zumindest teilweise ab. Anschließend würde ich – weil es für mich so gut funktioniert hat – die Accounts, deren Inhalte du regelmäßig betrachtest, überdenken und aussortieren, was geht. Entfolge allen nicht unbedingt notwendigen Accounts und Personen, um potenziell unvorteilhafte Inhalte zu umgehen und deine Gesamtzeit auf Social Media zu reduzieren. Außerdem ist die Idee von täglichen Zeitlimits auf Social Media an sich natürlich nicht schlecht – oft scheitert es aber an der Umsetzung. Einen Versuch ist es aber allemal wert. Du kannst dies mit anderen Dingen kombinieren, wie beispielsweise einer erweiterten „Morgenroutine" – anstatt nur am Morgen nicht zum Smartphone zu greifen, verzichte lieber gleich den gesamten Vormittag darauf bzw. benutze es nur für die notwendigsten Dinge, zu denen Social Media definitiv nicht zählen. Lösche am besten sämtliche Social Media-Apps vor dem Schlafengehen, um eine möglichst große Barriere zu schaffen. So reduzierst du die Gefahr, schon am Morgen wieder durch Instagram und Co. zu scrollen. Wenn du bis mindestens bis nach dem Mittag wartest, ehe es dich wieder auf Social Media verschlägt, so kannst du dich bis dahin wirklich auf dich selbst fokussieren und vergleichst dich nicht ständig mit anderen im Internet. Du wirst dich besser und zufriedener fühlen. Denn unser Gehirn funktioniert wie ein Schwamm, der alles an Informationen aufsaugt, was du ihm bietest. Jeder Input, alles was du auf Social Media siehst, wird dein Gehirn automatisch, ob du es willst oder nicht, mit deinem eigenen Leben in Relation setzen und dich so negativ beeinflussen. Ideal wäre, vollständig auf Social Media zu verzichten. Aber keine Sorge – dazu werde ich dir nicht raten, da ein vollständiger Verzicht für die allermeisten Menschen, mich eingeschlossen, nicht realistisch ist. Versuche stattdessen, deine Zeit auf Social Media so weit wie möglich zu reduzieren – je länger du dich dort aufhältst, desto mehr ziehst du dein eigenes Wohlbefinden herunter. Und versuche gleichzeitig immer im Hinterkopf zu behalten, was genau du da gerade eigentlich tust, anstatt blind Inhalte aufzunehmen. Das Ziel ist also kein vollständiger Verzicht, sondern Social Media vernünftig und bewusst zu nutzen. Vielleicht trägt dies mit der Zeit auch dazu bei, dass du deine Zeit auf sozialen Plattformen in Zukunft weiter reduzierst, weil deine Prioritäten jetzt woanders liegen – bei dir selbst.

"Inaction breeds doubt and fear. Action breeds confidence and courage. If you want to conquer fear, do not sit home and think about it. Go out and get busy."

Dale Carnegie

9

Methoden und Tools für mehr Selbstbewusstsein und Selbstwertgefühl

Bevor wir uns in diesem Kapitel verschiedenen Methoden, „Tools“ und Hilfestellungen für mehr Selbstbewusstsein und Selbstwertgefühl widmen, möchte ich noch einmal kurz die wichtigsten Punkte bis hierher zusammenfassen, um nochmal zu klären, wo du aktuell stehen solltest. Sprich: welches Wissen du bis hierhin erworben hast und was du davon bereits in der Praxis anwenden konntest.

Begonnen haben wir damit, die theoretischen Grundlagen bezüglich des Themas im Allgemeinen zu klären: Was ist Selbstwertgefühl? Was ist Selbstbewusstsein überhaupt? Warum ist dieses wichtig? Was ist ein Mangel an Selbstbewusstsein? Wie äußert sich dieser? Ich habe dir auch nähergebracht, warum die Auswirkungen eines solchen Mangels für Betroffene nicht immer unmittelbar wahrnehmbar sind, und wie das den Weg zu mehr Selbstbewusstsein deutlich erschweren kann. Folglich haben wir uns ausführlich mit dem Thema der Selbstreflexion beschäftigt, die Ist-Situation analysiert und eine Ziel-Situation definiert. Diese Ziel-Situation besteht wiederum aus mehreren Teilbereichen: sowohl aus langfristigen Zielen, welche wir mithilfe der SMART-Methode definiert und konkretisiert haben, als auch aus täglichen Zielen. Die täglichen Ziele sollen dabei helfen, den Weg zu mehr Selbstbewusstsein Stück für Stück zu erleichtern. Darüber hinaus tragen sie zum sogenannten Basislevel an Selbstvertrauen in den verschiedensten Bereichen bei und dienen dazu, Wohlbefinden, Lebensfreude und Lebensqualität im Allgemeinen zu verbessern. Durch das Aufstellen täglicher Ziele haben wir außerdem einen Plan und eine Struktur geschaffen, wie du es schaffen willst und kannst, an dir selbst, deinem Selbstwertgefühl und deinem Selbstbewusstsein zu arbeiten und so Stück für Stück dort hinzukommen, wo du eigentlich sein möchtest. Wir haben uns auch damit beschäftigt, weshalb es sich überhaupt lohnt, so viel Zeit und Energie in sich selbst zu investieren und wie dein Leben mit mehr Selbstbewusstsein aussehen könnte.

Um Enttäuschungen und falschen Hoffnungen vorzubeugen, haben wir uns ausführlich mit dem sogenannten Growth Mindset auseinandergesetzt, welches unbedingt notwendig ist, um mehr Selbstbewusstsein zu erlangen. Es ist wichtig, sich nicht auf unmittelbare Resultate zu fokussieren, sondern sein großes Ziel vor Augen zu haben. Im Gegensatz zum Fixed Mindset erhöht ein Growth Mindset die Lernbereitschaft und Lernfähigkeit enorm, was genau das ist, was es braucht, um über sich selbst und seine eigene Komfortzone hinauszuwachsen. Bezüglich Komfortzone hast du gelernt, dass wir unsere eigene Komfortzone immer und immer wieder verlassen müssen, um uns persönlich weiterzuentwickeln. Nur so kann sich unsere Identität in die entsprechende Richtung verändern – im positiven Sinne. Deine Handlungen sollten sich nicht nach deiner aktuellen Identität richten, sondern nach deiner zukünftigen, gewünschten Identität. Um zu einem selbstbewussten Menschen zu werden, musst du handeln wie ein selbstbewusster Mensch. Auch wenn dies eigentlich nicht zu deiner aktuellen Identität passt. Entsprechende Handlungen lassen folglich eine Differenz zwischen Handlung und Identität entstehen – eine Kluft, welche es zu überwinden gilt. Immer dann, wenn du deine Komfortzone verlässt und entgegen deinen Ängsten, Sorgen und Zweifeln agierst, initiierst du eine kleine Verschiebung deiner Identität in Richtung deiner gewünschten „Ziel-Identität". Jede darauffolgende Handlung wird sich in der Folge ein klein wenig natürlicher anfühlen, bis die Kluft irgendwann gänzlich verschwunden ist und dein tatsächliches Level an Selbstbewusstsein mit deinem ursprünglich gewünschten Level an Selbstbewusstsein übereinstimmt – die Identity-Change ist vollendet. In diesem Sinn hast du gelernt, dich auf die positiven Aspekte deiner Angst zu konzentrieren und diese als Kompass zu verwenden. Immer dann, wenn dich dein Mangel an Selbstbewusstsein daran hindert, etwas zu tun, kannst du dieser Angst gezielte Schritte entgegen setzten und es trotzdem tun.

Neben der Analyse der Ist- und der Ziel-Situation haben wir außerdem dein persönliches Umfeld analysiert, um potenziell hinderliche Gegebenheiten oder Strukturen frühzeitig zu erkennen, daran zu arbeiten bzw. dagegen vorzugehen und so die Erfolgswahrscheinlichkeit für mehr Selbstbewusstsein zu maximieren. Besonders wichtig hierbei ist das große Dilemma von Social Media, welche wir vermutlich alle tagtäglich nutzen, obwohl wir uns so andauernd selbst schaden und uns runterziehen lassen. Da eine vollständige Social Media-Abstinenz in den allermeisten Fällen jedoch äußerst unrealistisch ist, sind ein reflektierter Umgang damit und eine bewusste, kontrollierte Nutzung enorm wichtig. So können die negativen Auswirkungen von Social Media zumindest reduziert werden.

Du hast gelernt, dass du dich in erster Linie auf dich selbst fokussieren und dich nicht ständig mit anderen vergleichen solltest – eben deshalb sind Social Media unter anderem so problematisch. Es geht nicht darum, besser als alle anderen zu werden, sondern lediglich darum, die beste Version von dir selbst zu werden. Der erste und potenziell einzige Mensch, mit dem du dich in Relation setzen solltest, bist du selbst – und zwar du selbst, wie du einen Tag zuvor warst. Um deine Fortschritte messbar und nachvollziehbar zu machen, habe ich dir erklärt, wie wichtig es ist, sich täglich Zeit zu nehmen, um seine Gedanken aufzuschreiben, genauso wie wir die Ist-Situation und die Ziele zu Papier gebracht haben. Dadurch musst du nicht alle Gedanken diesbezüglich andauernd im Gedächtnis mitschleppen, was Entlastung, Erleichterung und freie Kapazitäten bringt, welche wir anschließend direkt in den Weg zu mehr Selbstbewusstsein investieren können.

Damit du schon morgen deine heutige Version deiner Selbst ein Stück weit hinter dir lassen kannst, kommen wir nun zu den Methoden. Sämtliche dieser Methoden, welche ich dir in den nächsten Kapiteln näherbringen möchte, sollten als Toolbox angesehen werden. Aus dieser Toolbox kannst du die für dich am besten geeigneten Methoden und Techniken heraussuchen. Du musst keineswegs alle umsetzen. Nimm einfach so viele und welche du willst. Denn wir sind alle verschieden und was für den einen gut funktionieren mag, macht für den anderen vielleicht überhaupt keinen Sinn – und im Endeffekt geht es ja um dich selbst und deinen persönlichen Weg zu mehr Selbstbewusstsein. Somit liegt die Entscheidung bei dir. Hab keine Angst davor, neue Methoden auszuprobieren. Selbst wenn du merkst, dass du mit einer bestimmten Technik oder Übung nicht wirklich zurechtkommst, sei nicht enttäuscht, sondern betrachte es als Trial-and-Error im positiven Sinn – du hast dazugelernt und kannst deine Auswahl somit besser einschränken.

Was all jene Methoden gemeinsam haben, ist dass sie allesamt dazu beitragen sollen, die Kluft zwischen aktueller und gewünschter Identität zu verkleinern, sodass weitere Handlungen in Zukunft etwas weniger Überwindung kosten und dein Basislevel an Selbstbewusstsein mit jedem Mal ein Stück weiter ansteigt.

"In essence, if we want to direct our lives, we must take control of our consistent actions. It's not what we do once in a while that shapes our lives, but what we do consistently."

Tony Robbins

9.1 Strukturen, Routinen & Gewohnheiten – der Schlüssel, um seine Wunschidentität zu erreichen!

Den Anfang machen Strukturen, Routinen und Gewohnheiten. Durch das Kreieren von Strukturen bzw. Routinen in deinem Leben kannst du enorm viel in die richtige Richtung bewirken, ohne viel dafür tun zu müssen – sofern du es erst einmal geschafft hast, gewisse Routinen fest in deinen Alltag zu integrieren, was nicht immer ganz einfach ist. Routinen sparen Zeit und Energie. Anfänglich benötigen sie aber gerade davon jede Menge, um aus bewussten Entscheidungen Stück für Stück Gewohnheiten zu machen.

Wichtig ist es zu verstehen, dass Gewohnheiten per se nichts Negatives sind. Sowohl positive als auch negative Handlungen können zur Gewohnheit werden und haben dann dementsprechend entweder positive oder negative Auswirkungen. Im alltäglichen Sprachgebrauch verbindet man mit Gewohnheiten meistens eher negative Eigenschaften, wie die Gewohnheit zu rauchen, zu trinken oder andere sogenannte schlechte Angewohnheiten. Wie eben erwähnt sind positive Gewohnheiten aber mindestens genauso relevant und wir werden uns im Laufe dieses Kapitels ansehen, wie wir uns diese zunutze machen können. Um auf einen gemeinsamen Nenner zu kommen, gilt es vorerst aber zu klären, was genau gemeint ist, wenn von einer Gewohnheit bzw. Routine die Rede ist. Unter Routinen versteht man Handlungen, die wir wiederholt und auf irgendeine Art und Weise regelmäßig ausführen. Darüber hinaus sind sie dadurch gekennzeichnet, dass diesen Handlungen kein bewusster Entscheidungsprozess vorausgeht – es geht also um all jene Dinge, die wir potenziell täglich, jedenfalls aber regelmäßig tun, ohne erst darüber nachdenken zu müssen, ob wir die entsprechenden Handlungen auch wirklich ausführen sollen oder nicht. Handlungen, die zur Routine geworden sind, passieren also mehr oder weniger automatisch. Ein klassisches Beispiel hierfür ist das Zähneputzen.

Wenn ich morgens aufgewacht bin und mich fertig für den Tag mache, so ist ein fester Bestandteil meiner Morgenroutine, meine Zähne zu putzen. Dabei muss ich nie groß nachdenken, ob ich mir denn jetzt tatsächlich die Zähne putzen oder lieber etwas anderes machen will – Zähneputzen ist eine Gewohnheit, welche ich wie automatisch täglich ausführe.

Das spart Zeit und Energie. Auch wenn es im ersten Moment seltsam wirken mag, über Zeit und Energie zu sprechen mit Bezug auf die Entscheidung, sich die Zähne zu putzen oder nicht: Über einen kompletten Tag verteilt summieren sich die Folgen solch kleiner Entscheidungen ins Extreme. Denn wir Menschen treffen jeden Tag zigtausende kleine und große Entscheidungen, von welchen der allergrößte Teil völlig unbewusst stattfindet. Das ist auch gut, denn andernfalls wäre unser Gehirn absolut überfordert mit der Masse an Entscheidungen, die es zu treffen gilt. Routinen und Gewohnheiten sind also als eine Art natürlicher Schutzmechanismus ein fester Bestandteil von uns. Mit dem notwendigen theoretischen Hintergrundwissen und Verständnis ist es uns möglich, diesen natürlichen Schutzmechanismus ganz bewusst einzusetzen, um uns unseren Alltag zu erleichtern.

Sehen wir uns beispielsweise Apple-Gründer Steve Jobs an, der immer – also wirklich immer, sofern er in der Öffentlichkeit aufgetreten ist – den gleichen grauen Rollkragenpullover getragen hat. Die gleiche Hose. Die gleichen Schuhe. Der Gedanke hinter dem Ganzen: Es wäre unvernünftig, Zeit und Energie dafür aufzubringen, sich täglich Gedanken darüber zu machen, welche Klamotten es heute sein sollen. Durch den außergewöhnlichen Kleidungsstil musste sich Steve Jobs nie Gedanken um dieses Thema machen. Von jener Entscheidung hatte er sich befreit, um mehr zeitliche Kapazitäten und Energie für wichtigere Dinge und Entscheidungen zur Verfügung zu haben. Ein Plan, der definitiv aufging – immerhin war er nicht umsonst einer der erfolgreichsten Unternehmer des gesamten Planeten. Wobei ich natürlich nicht den Erfolg von Steve Jobs ausschließlich auf seine Kleidungswahl zurückführen möchte. Nichtsdestotrotz hat er die Macht von Routinen erkannt und angewandt und uns ein Paradebeispiel mit auf den Weg gegeben.

Je mehr Aktivitäten wir zur Routine machen, desto mehr Zeit und Energie sparen wir uns durch den wegfallenden Entscheidungsprozess. Dadurch können wir uns auf wirklich wichtige und schwerwiegende Entscheidungen konzentrieren und haben gleichzeitig mehr Zeit für die entsprechenden Aktivitäten an sich. Stell dir vor, Profifußballer müssten vor jedem Spiel eine nervenaufreibende Entscheidung fällen, ob sie denn nun überhaupt spielen sollten oder nicht. Dies würde sie mental enorm belasten. Infolgedessen sind Konzentrationsschwierigkeiten und daraus resultierende Fehler sehr wahrscheinlich, was natürlich einen immensen Nachteil im Vergleich zur gegnerischen Mannschaft bedeuten würde. In der Realität ist dem natürlich nicht so. Stattdessen steht am Spieltag und schon lange vorher ganz genau fest, wer wie, wo und wann spielt. Am Spieltag gilt der volle Fokus dem bevorstehenden Match, alles andere ist von A bis Z durchgeplant. Trainer, Betreuer, Angestellte oder andere Beteiligte sorgen dafür, dass alles glattläuft und die Spieler keinerlei unnötigen mentalen Belastung ausgesetzt sind. In dem Sinne nehmen sie den Spielern sogar Entscheidungen ab, was die gleichen Auswirkungen hat wie Routinen und potenziell noch effektiver ist.

Mir geht es vor allem darum zu verstehen, dass selbst kleinste, auf den ersten Blick lächerliche Entscheidungen in der Summe einen unglaublich großen Unterschied machen. Vermutlich sind Routinen sogar notwendig, um uns unseren Alltag überhaupt zu ermöglichen und nicht schon eine Stunde nach dem Aufstehen völlig erschöpft zusammenzubrechen zu lassen. Sie schützen uns und ermöglichen uns gleichzeitig, uns für bewusste Entscheidungen Zeit nehmen zu können.

Darüber hinaus bringen sie aber auch noch weitere sehr positive Eigenschaften mit sich: Sie verringern bzw. nehmen uns die Überwindung, die es kostet, gewisse Handlungen zu tun. Stell dir beispielsweise vor, es ist ein kalter, regnerischer und nebliger Tag im Herbst. Es ist einer der Tage, an denen man am liebsten keinen Fuß, auch nicht für eine Sekunde, vor die Haustüre setzen möchte und sich darüber wundert, wie trist die Natur manchmal sein kann. Du liegst gemütlich im Wohnzimmer auf der Couch, genießt eine heiße Tasse Tee und liest ein wissenschaftliches Fachmagazin über gesundheitliche Themen. Es ist Sonntag und du hast an jenem Tag keinerlei Verpflichtungen mehr. Nun stößt du in diesem Magazin auf einen Artikel über die gesundheitliche Bedeutung von Ausdauersport, welcher deine Aufmerksamkeit erregt. Du beginnst zu lesen und lernst, wie wichtig Sport ist und wie dieser unsere physische und mentale Gesundheit fördert. So kommt dir die Idee, Sport zu machen und eine Runde joggen zu gehen, ehe du einen Blick zum Fenster hinauswirfst und daran erinnert wirst, welch feindseliges Wetter dort draußen aktuell vorherrscht. Deine anfängliche Motivation ist sofort wieder verflogen, als hätte sie nie existiert. Mit dem Sport wird es, zumindest an diesem Tag, nichts mehr.

Nun stell dir vor, du bist super sportlich, hast einen fixen Trainingsplan und gehst darüber hinaus jeden Abend eine Runde joggen. Wenn wir nun diese Version von dir mit der vorherigen Situation zusammenbringen, so wird sich die Frage, ob es heute zu schlechtes Wetter sei, gar nicht erst stellen. Du wirst deine Sportklamotten anziehen, die Schuhe schnüren, vielleicht noch deine Lieblingsplaylist anmachen und dann geht es auch schon los. Durch die Gewohnheit, jeden Tag Sport zu machen, hat dein Gehirn diese Aktivität zu einem festen Bestandteil deines Alltags gemacht.

Eine Routine ist aber nicht als hundertprozentige Garantie zu betrachten. Wir alle zweifeln und kämpfen manchmal mit uns selbst. Das ist aber auch nicht weiter schlimm. Denn ein wirksames Tool sind Routinen allemal. Ebenso wie Strukturen geben sie uns außerdem eine gewisse Sicherheit im Leben. Zu wissen, was heute noch oder morgen passieren wird, kann angstlösend sein. Nun hast du vielleicht schon mal davon gehört, wie befreiend und wohltuend es ist, einfach so in den Tag hineinzuleben, ohne sich groß Gedanken darüber zu machen. Ein Thema, das in der Literatur und Kultur meines Erachtens fälschlicherweise verherrlicht wird. Ich möchte hier aber niemandem einen Vorwurf machen. Sagen wir, es wird falsch dargestellt und der Anschein erweckt, als würde man sich von jeglichen Strukturen, Gewohnheiten und Routinen lösen. Aber wie vorhin bereits erwähnt, ist dies überhaupt nicht möglich. Man kann sich selbstverständlich dazu entscheiden, jeden Tag spontan so zu gestalten, wie man es im Moment für richtig hält. Im Großen und Ganzen trifft unser Gehirn aber auch dann noch andauernd unzählige kleinste Entscheidungen, welche wir bewusst nicht wahrnehmen.

Man könnte meinen, das bewusste „Abgeben" von Entscheidungen durch Strukturen und Routinen würde uns das Gefühl vermitteln, ein Stück weit die Kontrolle über unser Leben und dadurch über uns selbst abzugeben. Aber dem ist nicht so. Tatsächlich ist das Gegenteil der Fall. Wir fühlen uns dadurch sicherer und haben das Gefühl, unser Leben im Griff zu haben. Du musst nicht ständig darüber nachdenken, ob du nun dieses oder jenes tun sollst, sondern machst es einfach. Du handelst proaktiv, was den Effekt weiter verstärkt.

Außerdem können Routinen als der Schlüssel zum Erfolg im Hinblick auf den Identity Change sein. Sie sind der schnellste und zudem potenziell wirksamste Weg, um unsere Überzeugungen, unser Selbstbild und unsere Meinung über uns selbst zu ändern und somit unsere Identität nach unseren Vorstellungen zu formen. Zunächst musst du dir die Frage stellen, in welche Richtung du dich entwickeln möchtest und welcher Mensch du eigentlich gerne sein würdest. Genaueres dazu werden wir uns später noch ansehen. Anschließend gilt es, Gewohnheiten zu finden, welche die Entwicklung in ebendiese Richtung ermöglichen und vorantreiben – und dann heißt es dranbleiben. Je länger du gewisse Handlungen routinemäßig durchführst, desto mehr werden diese zu einem fixen Bestandteil deiner

Identität. Dein Selbstbild ändert sich und es entsteht ein gewisses Gefühl von „das bin ich", was genau das ist, was wir erreichen wollen.

Wenn du eigentlich nie Sport machst und dann einmal eine Runde joggen gehst, weil das Wetter gerade besonders passend ist und du dich ohnehin langweilst, so wirst du anschließend kaum von dir behaupten, du wärst ein besonders sportlicher Mensch und regelmäßig Sport zu machen wäre Teil deiner Identität. Wenn du schüchtern bist und Probleme damit hast, auf andere Menschen zuzugehen, wirst du ebenfalls kaum von dir behaupten, ein besonders offener Mensch zu sein, nachdem du ein einziges Mal eine fremde Person angesprochen hast. Wenn du solche Handlungen aber regelmäßig durchführst, wirst du mit der Zeit mehr und mehr das Gefühl bekommen, dass du eben doch ein sportlicher bzw. offener Mensch bist – immerhin entspricht dieses Gefühl dann ja mehr und mehr der Realität. Deine innere Überzeugung verändert sich. Nun kannst du guten Gewissens behaupten, ein sportlicher, gesunder, offener, kommunikativer, selbstsicherer, sozialer oder selbstbewusster Mensch zu sein.

Zu Beginn werden dich entsprechende Handlungen Überwindung kosten, weil sie eben noch nicht im Einklang mit deiner aktuellen Identität sind. Sie fühlen sich fremd an. Mit jedem kleinen Schritt und mit jeder Wiederholung integrierst du jene Handlungen in deine Identität – und umso leichter wird es auch, die entsprechende Gewohnheit aufrechtzuerhalten. Am Anfang heißt es in gewisser Art und Weise „fake it till you make it". Du musst deine Komfortzone ein großes Stück weit verlassen und entgegen deinem Selbstbild handeln. Es braucht Zeit und Energie, Schritt für Schritt dieses Selbstbild in die gewollte Richtung zu bringen. Aber nur so können wir uns wirklich langfristig und nachhaltig verändern. Es ist eine lange Reise, auf der jeder noch so kleine Schritt, jede einzelne Handlung und jede einzelne Entscheidung einen wichtigen Beitrag leistet.

Wenn es dir aber einmal gelungen ist, Handlungen zur Gewohnheit zu machen, so werden sich entgegengesetzte Handlungen wiederum fremd anfühlen. Wenn also beispielsweise Sportlichkeit oder Offenheit Teil deiner Identität geworden sind, so wird es sich unnatürlich anfühlen, wenn diese Aspekte deiner Gewohnheit keine Aufmerksamkeit bekommen. Bewegungsmangel oder soziale Isolation fühlen sich dann ganz anders an als anfangs – du wirst das Verlangen haben, deinen positiven, „erlernten" Gewohnheiten nachzugehen. Somit fällt es dann auch viel leichter, diese Gewohnheiten aufrechtzuerhalten. Diesen Punkt zu erreichen, ist aber alles andere als einfach. Obwohl jeder noch so kleine Schritt wichtig ist, dauert es, bis sich Resultate zeigen. Wer also von Anfang an schnelle Resultate erwartet, wird schnell enttäuscht sein und aufgeben. Der Schlüssel zum Erfolg ist es also, geduldig zu sein und dranzubleiben. Immer und immer wieder aktiv zu werden, ohne das langfristige Ziel aus den Augen zu verlieren.

Ebenso wie positive Gewohnheiten unsere Identität zum Positiven verändern, verändern schlechte Gewohnheiten unsere Identität ins Negative. Der Effekt funktioniert also in beide Richtungen. Dabei gilt aber, dass eine oder auch mehrere schlechte Gewohnheiten dich nicht zwingend zu einem „schlechten" Menschen machen oder den Weg zu mehr Selbstbewusstsein drastisch blockieren. Solange du mehr positive als negative Gewohnheiten hast, ist alles im grünen Bereich und deine Identität kann sich wie gewünscht in eine positive Richtung entwickeln. Folglich geht es auch nicht immer darum, um jeden Preis die richtige Entscheidung zu treffen. Stattdessen ist es wichtig, mehr richtige als falsche Entscheidungen zu treffen.

Wie vorhin bereits kurz angesprochen, musst du dir zunächst überlegen, wie deine zukünftige Identität aussehen soll. Welcher Mensch möchte ich in Zukunft sein? Welche Eigenschaften möchte ich haben? Wie möchte ich im Umgang mit anderen zurechtkommen? Hier kannst du all deine tiefsten Wünsche und Überzeugung zum Vorschein kommen lassen.

Anschließend kannst du dich auf die Suche nach Gewohnheiten machen, welche zur entsprechenden Identität passen und diese festigen.

Dann kann es auch schon losgehen. Nun heißt es, die ersten Schritte zu machen und dranzubleiben. Solange, bis sich dein Selbstbild und deine innerste Überzeugung von dir selbst wie gewünscht verändert haben.

Aber wie kann dieser Prozess in der Praxis aussehen? Nehmen wir an, du möchtest ein sportlicher, kommunikativer und offener Mensch werden. Folglich nimmst du dir vor, mindestens fünfmal die Woche Sport zu machen. Außerdem setzt du dir das Ziel, dreimal täglich eine fremde Person anzusprechen und sie nach dem Weg zu fragen. Zuerst haben wir geklärt, in welche Richtung sich die Identität verändern soll – von unsportlich zu sportlich und von verschlossen zu kommunikativ und offen. Regelmäßig Sport zu machen und fremde Personen anzusprechen, scheinen ideale Gewohnheiten zu sein, um eine Veränderung der Identität in diese Richtung zu bewirken. Auch wenn dies eher einfache Beispiele sind, zeigen sie sehr gut, wie das Prinzip der Gewohnheiten funktioniert.

Weitere Ideen, welche du für dich anwenden könntest, wären beispielsweise: Eine gesunde Ernährung. Du könntest dir vornehmen, maximal einmal die Woche Süßes zu essen. Oder jeden Tag mindestens zwei Liter Wasser zu trinken. Du könntest dir vornehmen, täglich vor dem Schlafengehen zu meditieren. Oder täglich eine gewisse Anzahl von Stunden in deine Arbeit zu investieren. Vor dem Schlafengehen ein paar Seiten in einem Sachbuch zu lesen. Deine Zeit im Internet zu reduzieren. Täglich an die frische Luft oder eine Runde spazieren zu gehen.

Wie du siehst, kannst du in den unterschiedlichsten Bereichen verschiedenste Gewohnheiten aufstellen bzw. auch daran arbeiten, schlechte Gewohnheiten abzulegen. Mit meiner kleinen Auswahl will ich dich aber lediglich dazu inspirieren, dir selbst für dich passende Gewohnheiten zu suchen, und nicht einfach wahllos darauf loszuarbeiten. Im Endeffekt geht es immer um dich, und die längste Gewohnheiten-Liste der Welt muss nicht zwangsläufig die richtigen Gewohnheiten für dich beinhalten.

Im Folgenden möchte ich dir einige Gewohnheiten und Tools vorstellen, die du sofort übernehmen und in deinen Alltag integrieren kannst.

9.1.1 Morgenroutine

Eine äußert sinnvolle und vielversprechende Methode, Struktur in seinen Alltag zu bekommen, ist das Integrieren einer Morgenroutine. Die erste Stunde nach dem Aufstehen bzw. Aufwachen ist die allerwichtigste des Tages. Hier geht es darum, den Grundstein für einen erfolgreichen Tag zu legen. Große Möglichkeiten bringen aber immer auch große Risiken mit sich – somit kannst du bezüglich Morgenroutine viel richtig, aber auch viel falsch machen. Warum dem so ist und wie du persönlich eine für dich geeignete Morgenroutine finden kannst, werden wir uns jetzt genauer ansehen.

Beginnen wir direkt mal damit, was du im Normalfall immer vermeiden solltest: der morgendliche Blick aufs Smartphone. Insbesondere Social Media solltest du nicht schon am Morgen Aufmerksamkeit schenken. Immerhin wollen wir uns ja als Start in den Tag nicht mit anderen vergleichen und negative Sinneseindrücke sammeln. Stattdessen kannst du verschiedene andere Tätigkeiten auf den Morgen verschieben, wie Meditation, Sport, Lesen oder das Visualisieren von Zielen. Insbesondere Handlungen, welche du gerne zur Gewohnheit machen möchtest, eignen sich hierfür besonders gut. Denn als fixer Bestandteil einer täglichen Routine – der Morgenroutine – werden sie so selbst zur Routine. Wenn du dir etwa vornimmst, jeden Tag mindestens zehn Seiten eines Buches zu lesen, so kann es schon mal vorkommen, dass dir im Laufe des Tages Motivation und Zeit dafür fehlen und du es verpasst, diesem Vorsatz nachzukommen. Wenn du aber direkt nach dem Aufstehen ein paar Minuten deiner Zeit dafür investierst, jene zehn Seiten zu lesen, um deinen Horizont zu erweitern und dich weiterzubilden, so hast du viel höhere Chancen, es auch wirklich täglich zu tun.

Gehen wir davon aus, du schläfst acht Stunden pro Tag. 16 Stunden bist du folglich wach. 16 Stunden, die du jeden Tag Zeit hast, um all das zu tun, was du tun willst oder musst. 16 Stunden, von denen 15 Minuten für ein paar Seiten eines Buches kaum fehlen werden. Je mehr Zeit aber vergeht, desto mehr fallen diese 15 Minuten ins Gewicht – unsere eigene Wahrnehmung verstärkt diesen Effekt zumeist noch deutlich mehr als das in der Realität der Fall ist. Wenn du also wartest, bis es Abend ist, wird es dich potenziell mehr Überwindung kosten, 15 Minuten deines verbleibenden Tages für das Lesen eines Buches zu „opfern". Immerhin hast du ja nicht mehr allzu viel Zeit, ehe es für dich ins Bett geht. Zeit, die du jetzt vielleicht lieber anders verbringen würdest.

Außerdem ist der Moment direkt nach dem Aufwachen im Normalfall der, an dem wir am unvoreingenommensten sind. Schlaf hat nicht nur eine stark regenerierende Wirkung, sondern auch eine äußerst effektive heilende Wirkung, welche meines Erachtens oft unterschätzt oder außen vorgelassen wird. Emotional belastende Situationen, Herausforderungen und Probleme machten es mir oft schwer, meinen Plänen und Zielen nachzugehen. Negative Emotionen ließen mich oft zweifeln und nahmen mir meine Perspektive. Das mühsame, aufwendige Abarbeiten von Routinen und Vorsätzen wirkte oft von dem einen auf den anderen Moment völlig sinnlos, wenn von irgendwoher ein emotionaler Schmerz aufkam. In solchen Phasen gelang es mir aber meistens trotzdem, mich zumindest am Morgen auf mich selbst zu konzentrieren und das zu tun, was ich ursprünglich tun wollte.

Sofern du nicht einen intensiven, belastenden Traum hattest, ist dein Gehirn nach dem Aufstehen noch nicht voll von verschiedenen Gedanken, welche für Zweifel oder Ablenkung sorgen könnten. Die Idee, mir dieses Prinzip bewusst zunutze zu machen, hatte ich, als ich den Kontakt zu einer damals sehr nahestehenden Person vom einen auf den anderen Tag völlig verloren hatte. Es war ein klassischer, sehr intensiver Trennungsschmerz, der mich erstmal ziemlich aus der Bahn warf und mich von allen anderen Dingen ablenkte. Egal wie sehr ich es versuchte, im Moment konnte ich an nichts anderes denken. Anstatt abends einzuschlafen, lag ich viel zu lange wach. Aber als ich am nächsten Morgen wieder die Augen öffnete, dauerte es erst mal ein paar Augenblicke, ehe ich mich wieder erinnerte, was am Tag davor los war. Diese wenigen Augenblicke waren ausreichend, um mir irgendwie wieder etwas Hoffnung, Motivation und Selbstwertgefühl zurückzugeben. Natürlich waren die Emotionen vom Vortag noch präsent. Obgleich sie nicht mehr ganz so stark wie zuvor waren, hatten sie immer noch eine Präsenz, welche mich eigentlich von allen anderen Dingen hätte ablenken müssen. Aber ich hatte nun eine neue Perspektive auf die Sache gewonnen. Eine Perspektive, die mich die negativen Emotionen und Gedanken annehmen ließ, während ich gleichzeitig im Hinterkopf behielt, dass dieser Zustand nicht alles ist und nicht für immer anhalten wird.

Einige Zeit später wollte ich versuchen, Sport als fixen Bestandteil in meine Morgenroutine zu integrieren. Ich wollte jeden Morgen zumindest eine kurze Runde joggen gehen, abgesehen von regelmäßigen Ruhetagen, um mich nicht zu überanstrengen. Ein paar Tage ging das ganz gut, dann scheiterte mein Vorhaben jedoch. Das Erfolgsgefühl, welches einsetzt, wenn du dich als Start in den Tag bereits körperlich betätigst, ist aber immens. Ich selbst fühlte mich dadurch den ganzen Tag über besser als sonst, und selbst wenn der restliche Tag nicht nach Plan verlief, hatte ich doch etwas, auf das ich stolz sein konnte. Mit der Zeit änderte ich meinen Plan, jeden Morgen joggen zu gehen insofern, als dass ich mir vornahm, jeden Morgen Sport zu machen – egal in welcher Form. Was hervorragend funktioniert und meines Erachtens einen soliden Kompromiss darstellt.

Um deine eigene Morgenroutine zu finden, würde ich dir empfehlen, einfach auszuprobieren, was dir liegt und was nicht – wobei du dabei nicht vergessen solltest, dass gewisse Vorhaben wie Sport am Morgen jede Menge Willenskraft und Durchhaltevermögen benötigen, um zur Gewohnheit zu werden. Gib also nicht direkt auf, sondern versuche, zumindest ein paar Tage durchzuhalten, um die Situation besser beurteilen zu können. Darüber hinaus gibt es noch zwei weitere Aspekte zu beachten. Einerseits musst du deinen Alltag und somit auch deine Morgenroutine deinen Lebensumständen anpassen. Wenn du sehr früh aufstehen musst, hat es vielleicht wenig Sinn, eine zeitaufwendige Routine in den Morgen zu packen, um nicht noch viel früher aus dem Bett zu müssen. Es sei denn, du hast kein Problem damit, besonders früh schlafen zu gehen, weil du abends ohnehin nichts zu tun hast. Wenn deine Kreativität und Energie hingegen erst gegen Abend so richtig zum Vorschein kommen und du nachts am produktivsten und aktivsten bist, hat es wahrscheinlich mehr Sinn, gewisse Tätigkeiten lieber zu dieser Zeit auszuführen. Womit du dich wohlfühlst, wirst du im Endeffekt selbst am besten herausfinden, mach dir diesbezüglich also erstmal keine großen Sorgen. Im Hinterkopf würde ich außerdem noch behalten, dass unser Gehirn nach dem Aufwachen einige Zeit braucht, ehe es voll leistungsfähig ist. Solltest du also in irgendeiner Art und Weise besonders anspruchsvolle oder verantwortungsvolle Aufgaben haben, könnte es unter Umständen besser sein, diese nicht direkt in der Früh anzugehen.

Für mich persönlich war das Implementieren einer Morgenroutine einer der allerwichtigsten Aspekte meiner Entwicklung. Während ich zuvor keinerlei geregelte Zeiten hatte, wann ich abends schlafen ging, und noch wichtiger, wann ich morgens aufstand, konnte ich so endlich von morgens an Struktur in meinen Alltag bekommen. Ich wusste immer schon direkt nach dem Aufwachen ganz genau, was ich heute als erstes tun will, ganz egal, was der restliche Tag zu bieten hat. Ich musste mir nicht mehr den Kopf darüber zerbrechen, wie ich in den Tag starten sollte oder ob ich nicht doch noch lieber etwas länger im Bett bleiben sollte. Es gelang es mir auch endlich, Abstand zu Social Media zu bekommen, da ich nicht mehr bereits nach dem Aufwachen zum Smartphone griff. Ich bin fest davon überzeugt, dass die erste Stunde des Tages die wichtigste ist und maßgeblich darüber entscheidet, wie erfolgreich der restliche Tag verlaufen wird – der Morgen macht definitiv den Tag. Dadurch, dass ich bereits morgens proaktiv Schritte tue, kann ich motiviert und produktiv in den Tag starten. Ein Gefühl, welches mir dann Momentum für den gesamten Tag schafft und mich viel zielstrebiger und entschlossener durchs Leben gehen lässt. Außerdem habe ich so das Gefühl, mein Leben selbst unter Kontrolle zu haben, was mir wiederum viel Energie und Kraft gibt. Folglich empfehle ich dir ganz klar, dich selbst mit dem Thema auseinanderzusetzen, eine für dich geeignete Morgenroutine zu finden und diese dann auch wirklich Tag für Tag umzusetzen, damit auch du von all diesen positiven Aspekten profitierst.

Bonus: Beim Kauf dieses Buches ist ebenfalls meine persönliche 5-Schritt-Morgenroutine enthalten, die ich über die Jahre getestet und verfeinert habe. Diese kannst du dir unter folgendem Link herunterladen. Scanne hierfür den QR-Code mit deiner Handy-Kamera oder tippe den Link manuell in deinen Browser ein.

http://timwunderlich.com/

9.1.2 Sport

Sport ist eines meiner absoluten Lieblingsthemen, da ich der Meinung bin, die Wirkung von Sport auf unser Selbstbewusstsein wird oft maßlos unterschätzt. Aber warum?

Körperliche Betätigung wirkt sich direkt auf dein Selbstbewusstsein aus. Wenn du regelmäßig Sport machst, wirst du fitter, sofern du den Effekt nicht durch eine überaus schlechte Ernährung verdirbst. Dadurch fühlst du dich auch fitter und nimmst dich unter Umständen als attraktiveren Menschen wahr, als du es früher warst. Dies ist mitunter darauf zurückzuführen, dass ein sportlicher Körper in unserer Gesellschaft als Schönheitsideal gilt. Darüber hinaus werden beim Sport Glückshormone ausgeschüttet, welche die Art und Weise, wie du dich selbst wahrnimmst, verändern. Insofern trägt dieser Prozess maßgeblich dazu bei, die Veränderung deines Selbstbilds zu beschleunigen und den Identity Change zu vollziehen.

Deine Wahrnehmung ändert sich aber nicht nur im Hinblick auf die direkten Auswirkungen von Sport, sondern auch auf einer Ebene darüber. Denn um regelmäßig Sport zu machen, braucht es Willenskraft und Disziplin. Ansonsten wird es dir nicht möglich sein, den Sport auch wirklich zur Routine zu machen. Sofern dir das aber gelingt, hast du bewiesen, dass du persönlich über die notwendige mentale Stärke verfügst, um dich immer und immer wieder zum Sport zu überwinden, auch wenn dir gerade eigentlich nicht danach ist. Somit hast du einerseits kurzfristige Erfolgserlebnisse immer dann, wenn du nach einer Sporteinheit erleichtert und stolz auf dich selbst bist, durchgezogen zu haben. Andererseits hast du auch ein Erfolgserlebnis, da du die Eigenschaften „willensstark" und „diszipliniert" deiner Identität zuschreibst und deine Identität somit in eine positive Richtung veränderst.

Des Weiteren trägt Sport zur Steigerung des Selbstwertgefühls bei, indem die folgenden zwei Dinge kombiniert werden: Erstens: Sport ist gesund und gut für mein physisches und psychisches Wohlergehen. Zweitens: Sport ist zeitintensiv und energieaufwändig und es braucht oft viel Überwindung, um damit zu beginnen. Nachdem du dir dieser Eigenschaften bewusst bist, bedeutet Sport immer, dass du Zeit und Energie aufbringst, um dein Wohlbefinden auf physischer und psychischer Eben zu verbessern. Das wiederum heißt, dass irgendetwas an deinem eigenen Wohlergehen wichtig sein muss – irgendetwas muss dir daran liegen. Es ist quasi ein Beweis, eine direkte Bestätigung dafür, dass du dir selbst wichtig bist und dass du Wert darauf legst, gesund und fit zu sein.

Wie wir sehen, wirkt sich Sport also auf verschiedene Arten direkt auf unser Selbstwertgefühl und unser Selbstbewusstsein aus. Darüber hinaus gibt es aber auch noch weitere Aspekte, wie uns Sport auf unserem Weg zu mehr Selbstbewusstsein behilflich sein kann: Die aus Sport resultierende gesteigerte Leistungsfähigkeit lässt uns unseren Alltag und alle anderen Dinge, die wir uns vorgenommen haben, einfacher bewältigen. Die Treppen in den vierten Stock fühlen sich nicht mehr wie eine unüberwindbare Barriere an und die zwei Kilometer zu Fuß werden auf einmal zum gemütlichen Spaziergang. Alltägliche, „leichte" körperliche Anstrengungen werfen uns weniger leicht aus der Bahn, wenn wir jenen mit einer gewissen körperlichen Stärke und Resistenz entgegentreten. Dadurch verlieren wir nicht so schnell den Fokus und haben darüber hinaus mehr Energie zur Verfügung, welche wir in unsere Ziele investieren können.

Außerdem ist unser Körper evolutionstechnisch schlicht und einfach dafür gemacht, gewisse körperliche Anstrengungen zu erfahren. Unsere Muskeln brauchen Bewegung. Ist dies nicht der Fall, werden sie rückgebildet. Bewegungsmangel lässt uns zudem schlechter schlafen. Vielleicht ist dir selbst schon mal aufgefallen, wie sich Bewegung auf das Einschlafverhalten auswirkt. Ich selbst habe diesen Effekt ganz deutlich immer dann wahrgenommen, wenn ich einen Tag lang wirklich nichts gemacht habe – keinerlei Anstrengung – und mich nicht wirklich von Bett und Couch wegbewegt habe. Es war, als würde mein Körper darauf warten, dass jetzt noch irgendeine körperliche Verausgabung kommen müsste. Dabei versuchte ich doch eigentlich längst einzuschlafen. Wenn ich aber Sport gemacht habe, schlafe ich dafür umso besser ein. Mein Körper braucht und will dann den Schlaf und lässt mich das auch spüren. Außerdem reduziert Sport die Ausschüttung von Stresshormonen, was uns ausgeglichener macht und wiederum besser schlafen lässt. Zu erwähnen ist an der Stelle noch, dass es überhaupt kein Problem ist, wenn du nicht jeden einzelnen Tag Sport machst. Dein Körper braucht manches Mal ohnehin weitaus länger als einen Tag, um sich vollständig zu regenerieren. Darüber hinaus trägt aber auch mentale Anstrengung dazu bei, dass sich unser Körper bzw. Gehirn nach Schlaf sehnt und wir besser einschlafen.

All jene Aspekte beziehen sich auf Sport im Allgemeinen, unabhängig davon, um welche Art von Sport es geht. Darüber hinaus bringen gewisse Sportarten noch weitere interessante Phänomene mit sich, wie beispielsweise der Teamgeist bei Mannschaftssportarten. Aus meiner eigenen Fußballzeit kann ich berichten, dass es ein unbeschreibliches Gefühl ist, gemeinsam mit dem gesamten Team Erfolge zu feiern. Ein hart erkämpfter Sieg, zu dem du selbst maßgeblich beigetragen hast, ist einfach unbeschreiblich. Heute hingegen mache ich keinen Mannschaftssport mehr, wobei ich sagen kann, dass auch allein Erfolgserlebnisse eingefahren und gefeiert werden können – und für den Fall der Fälle kann man sich für den zusätzlichen Motivationsschub ja mal eine Freundin oder einen Freund für eine gemeinsame Jogging-Runde schnappen.

9.1.3 Meditation

Ähnlich wie Sport lässt uns Meditation abschalten und kann dabei helfen, den Kopf frei von Sorgen und negativen Gedanken zu bekommen. In einer zunehmend schnellen und hektischen Gesellschaft bietet Meditation die ideale Möglichkeit, einen Augenblick lang Abstand von dieser Hektik zu gewinnen. Für kurze Zeit kannst du das Leben für dich verlangsamen und dem stressigen Alltag entfliehen. Dadurch kannst du „herauszoomen", die Dinge aus einer anderen, gelasseneren Perspektive betrachten und somit klarer denken. Außerdem wurde nachgewiesen, dass Meditation bei regelmäßiger Ausübung zu einer verminderten Ausschüttung des Stresshormons Cortisol führt. Zusätzlich verbessert sich die Lernfähigkeit des Gehirns und die Leistungsfähigkeit des Herz-Kreislaufsystems – ein weiterer Aspekt, in dem sich Meditation und Sport gleichen. Im Gegensatz zu letzterem aber ist Meditation im Normalfall mit keiner großen körperlichen Anstrengung verbunden, wobei es besonders anfangs nichtsdestotrotz schwer sein kann, für eine gewisse Zeitspanne tatsächlich komplett ruhig zu sein und sich nicht zu bewegen.

Was Meditation aber auf alle Fälle erfordert, ist ein großes Maß an Selbstbeherrschung und mentaler Stärke. Einfach nur still dazusitzen, benötigt jede Menge Konzentration. Völlig abzuschalten und sich zu hundert Prozent auf sich selbst und den Moment zu konzentrieren ist nicht so leicht, wie es sich vielleicht anhören mag. Ich selbst hatte anfangs große Probleme damit und verlor mich alle paar Sekunden in meinen Gedanken, ehe ich mich wieder daran erinnerte, dass ich an all diese Dinge gerade eigentlich nicht denken wollte. Um das zu verhindern, half es mir, meine langsamen, kontrollierten Atemzüge mitzuzählen. Immer von eins bis zehn und dann wieder von vorne. So konnte ich mich leichter auf meinen Atem fokussieren und verhinderte, gedanklich ständig abzudriften. Obwohl meine ersten Versuche von außen ziemlich unbeholfen ausgesehen haben müssen und ich das selber spürte, merkte ich doch immer nach einigen Minuten, wie sich mein Puls deutlich verlangsamte und sich ein Gefühl der inneren Ruhe ausbreitete. Als ich dann letztendlich die Augen wieder öffnete, fühlte ich mich entspannt und müde – aber nicht müde im Sinne von erledigt, sondern ein positives Gefühl von müde. Ich fühlte mich regeneriert und bereit für den restlichen Tag. Es ist ein Stück weit so, als wäre ich gerade nach einer erholsamen Nacht aufgewacht – und welche positiven Aspekte solch eine Nacht mit sich bringt, haben wir ja eben gerade festgestellt.

Wenn du dich morgens nicht in der Lage fühlst, Sport zu machen, auf einen Teil der positiven Auswirkungen davon aber dennoch nicht verzichten willst, könnte Meditation die Lösung sein. So ersparst du dir die körperliche Anstrengung und kannst trotzdem abschalten und den Kopf freibekommen. Wenn du dich ohne jegliche Vorerfahrung an das Thema heranwagst, kann ich dir empfehlen, eine von zahlreichen Meditations-Apps zu verwenden, um dir den Einstieg zu erleichtern. Dort wirst du an die Hand genommen und dir wird Schritt für Schritt gezeigt, wie du immer besser werden kannst. Auch möchte ich dich warnen, dir keine falschen Hoffnungen zu machen und geduldig zu sein. Den meisten Menschen fällt es wirklich schwer, sich gedanklich so sehr zu fokussieren, dass man die restliche Welt für einige Zeit vergessen kann. Lass dich davon aber nicht entmutigen, sondern mach einfach weiter. Mit der Zeit wirst du immer besser werden. Durchhaltevermögen ist hier, wie so oft, essenziell, wobei jenes bei der Meditation vielleicht sogar einen noch höheren Stellenwert hat als sonst. Ein paar Minuten Meditation pro Tag sind für den Anfang völlig ausreichend, mit der Zeit kannst du die Dauer dann schrittweise erhöhen. Außerdem habe ich mich selbst dann immer ausgeglichener und entspannter als zuvor gefühlt, wenn es mir sehr schwerfiel, mich auf die Mediation zu konzentrieren und mir immer wieder andere Dinge in den Kopf kamen. Eine makellose Ausführung ist also gar nicht unbedingt notwendig, um die schönen Seiten von Mediation zu erfahren.

9.1.4 Lesen

Als ich noch ein Kind war, liebte ich es zu lesen. Oft habe ich tagelang nur gelesen. Die Stunden vergingen wie im Flug und ehe ich nicht ein bestimmtes Kapitel oder gar Buch zu Ende gelesen hatte, wollte ich vom Rest der Welt am liebsten gar nichts mehr hören. Ich musste einfach wissen, wie die Geschichte ausgeht. Später verdrängten Smartphone und PC das Lesen immer mehr aus meinem Leben, bis ich einen Punkt erreicht hatte, an dem ich überhaupt keine Bücher mehr las. In einem guten Jahr griff ich vielleicht noch ein einziges Mal zu einem Buch, welches mich aus irgendeinem Grund besonders angesprochen hatte. Dieses Buch wurde dann in kürzester Zeit einmal durchgelesen. Dann war es aber auch wieder vorbei mit dem Lesen.

Erst Jahre später, als ich 18, vielleicht 19 war und bereits studierte, entdeckte ich meine Leidenschaft für das Lesen wieder. Anstelle von Fantasiegeschichten und Romanen galt meine Aufmerksamkeit nun aber zum größten Teil Sachbüchern über die verschiedensten Themen aus Wirtschaft, Philosophie, Geschichte oder Politik. Auch das eine oder andere Werk aus der Astronomie schaffte es in meine „Sammlung". Darüber hinaus war ich fasziniert von autobiografischen Werken, welche mir Perspektiven auf das Leben und die Welt näherbrachten, welche ich mir selbst niemals hätte vorstellen können. Ich möchte behaupten, dadurch zu einem weltoffeneren Menschen geworden zu sein und auch die Perspektive auf mich selbst – mein Selbstbild – hat sich dadurch in gewisser Art und Weise verändert. Meine eigenen Vorstellungen und Überzeugungen sah ich nun weniger als absolut an. Ich behielt immer im Hinterkopf, dass Wahrnehmungen und Ambitionen von Menschen enorme Unterschiede aufweisen können, wobei meine eigenen Vorstellungen nicht unbedingt besser sind als die der anderen.

Wenn auch du deinen Horizont erweitern möchtest und als offener Mensch durch die Welt gehen möchtest, kann ich dir nur ans Herz legen, ein Buch in die Hand zu nehmen und dem Lesen eine Chance zu geben. Bücher ermöglichen es uns, die gesamte Welt in unser Wohnzimmer zu holen. Ja, auch das Internet ist hierfür natürlich ein bestens geeigneter Kandidat. Aber: Im Gegensatz zum Internet und zu Social Media ist der Anspruch ein völlig anderer und Bücher gehen in den allermeisten Fällen viel detaillierter und nachvollziehbarer auf Themen ein. Klar kannst du dir auch einfach ein zehnminütiges Video oder einen Film anschauen. Ein Buch hingegen bietet jedoch viel tiefere und bleibendere Einblicke.

Außerdem wollen wir natürlich auch nicht die zahlreichen anderen positiven Wirkungen des Lesens vergessen: Lesen trainiert unser Gehirn und hält uns mental fit. Es verbessert unsere kognitiven Fähigkeiten. Wir können uns besser konzentrieren und darüber hinaus Dinge besser merken, woraus wiederum eine erhöhte Lernfähigkeit resultiert.

Des Weiteren verbesserst du durch Lesen deinen Wortschatz. In Gesprächen mit anderen kannst du somit auf eine größere Auswahl an Worten zurückgreifen. Du wirkst intellektueller und intelligenter auf andere, wobei du dich beim Lesen eigentlich bildest und nicht zwangsläufig deine Intelligenz steigerst. Im alltäglichen Leben tut sich unsere Gesellschaft aber schwer damit, Intelligenz und Bildung getrennt voneinander zu betrachten.

Von deiner Wortgewandtheit, deinem Wortschatz und einem guten Allgemeinwissen kannst du aber so oder so in den verschiedensten sozialen Situationen profitieren. Sei es ein Bewerbungsgespräch, ein Geschäftsessen, eine Party, im Club, unter Freunden oder bei einem Date. Wenn du etwas Sinnvolles zu sagen weißt, so traust du dich auch viel eher, dies auszusprechen. Mit diesem Ansatz kannst du Unsicherheiten in sozialen Situationen bis zu einem gewissen Grad entgegentreten. In der Folge fühlst du dich selbstbewusster und wirkst auch auf andere selbstbewusster.

Lesen fördert zudem die Kreativität. Es bringt dich auf neue Ideen, eröffnet dir nie dagewesene Perspektiven und zeigt dir so vielleicht auch neue Lösungsansätze für deine Probleme auf. Oder es lässt ebendiese Probleme plötzlich ein ganzes Stück weit kleiner wirken. Last but not least kann Lesen auch einfach eine Form von Unterhaltung sein. Auch Sachbücher. So lassen sich Bildung und Unterhaltung kombinieren, anstatt stundenlang auf Social Media belanglose Inhalte zu konsumieren – was zweifellos unterhaltsam ist, darüber hinaus aber wie bekannt deutlich mehr negative als positive Punkte mit sich bringt. Beim Lesen hingegen zeigt sich ein ganz anderes Bild.

Wenn du von all diesen positiven Auswirkungen profitieren möchtest, so würde ich dir empfehlen, Lesen zur Routine zu machen – egal ob als Bestandteil deiner Morgenroutine, vor dem Schlafengehen oder irgendwann dazwischen. Ein paar Seiten oder Minuten täglich können völlig ausreichend sein. Du musst also keine stundenlangen Leseeinheiten einlegen, wie ich das früher tat – und auch gelegentlich heute noch mache. Wenn dir aber danach ist, dann lass dich bitte nicht davon abhalten. Das tägliche Ziel, zehn Seiten oder zehn Minuten beispielsweise, würde ich ganz einfach als Untergrenze definieren. Je nach Lust und Laune, wie spannend die Passage im Buch gerade ist und wie viel Zeit dir im Moment zur Verfügung steht, spricht absolut nichts dagegen, einfach mal nach Belieben weiterzulesen und nicht nach dem Erreichen des täglichen Zieles zu stoppen.

9.1.5 Dankbarkeit

Unser nächstes Thema – Dankbarkeit – kann enorm viel bewirken im Hinblick darauf, wie du dich selbst und die Welt um dich herum wahrnimmst. Dankbarkeit ist ein einfacher und schneller Weg, viel zu verändern, ohne wirkliche Veränderung vornehmen zu müssen. Aber wie kann das sein?

Dankbarkeit erlaubt es uns, ein neues Licht auf die Dinge zu werfen. Es eröffnet neue, positive Perspektiven. Das Leben bietet uns immer zwei Optionen: Wir können unseren Fokus entweder sehnsüchtig und neidisch auf all das richten, was wir nicht haben, aber gerne hätten, oder wir konzentrieren uns auf das, was wir haben und wofür wir dankbar sein können. Bin ich unglücklich, weil ich einen Mittelklassewagen fahre und keinen Porsche? Oder entscheide ich mich dafür, dankbar zu sein, weil ich einen Mittelklassewagen fahre und nicht zu Fuß zur Arbeit gehen muss? Bin ich unglücklich, weil ich einen durchschnittlichen Körper habe und nicht aussehe wie ein Bodybuilder oder Model? Oder bin ich dankbar dafür, dass ich einen gesunden Körper habe, der mich Tag für Tag – und Nacht für Nacht – durchs Leben trägt? Dankbarkeit ist die bewusste Entscheidung, die Dinge zu schätzen, die man hat.

Mithilfe dieses Mindsets ist es mir gelungen, meine Wünsche und Ziele aus einer neuen, „gesünderen“ Perspektive zu betrachten. Es ist in keinerlei Hinsicht verwerflich, ein schönes, teures Auto als das zu betrachten, was es ist – ein schönes, teures Auto, welches ich mir aktuell vielleicht finanziell oder aus anderen Gründen selbst nicht leisten kann. Ich kann diese Eigenschaften an dem Auto erkennen und wertschätzen, ohne dabei Neid oder Unzufriedenheit zu verspüren. Aber wie kann das gelingen? Nun, wenn wir dankbar für das sind, was wir selbst haben, können wir die Dinge aus einer neutraleren Perspektive betrachten. Klar, unter Umständen wäre es schon schön, selbst so ein Auto zu fahren. Ich kann aber genauso gut ohne derlei Dinge zufrieden und dankbar für das sein, was ich selbst habe.

Dieses Wissen, dieser Gedanke im Hinterkopf, kann sehr viel verändern und maßgeblich darüber entscheiden, wie wir die Welt wahrnehmen.

Nun könnte man meinen, wenn wir doch eh immer dankbar sein können, egal wie viel oder wie wenig wir objektiv betrachtet besitzen, dann werden doch sämtliche Wünsche, Träume und Ziele überflüssig und sinnlos. Aber: nur weil wir dankbar für das Hier und Jetzt sind, heißt dies nicht automatisch, dass dieser aktuelle Zustand für immer anhalten muss. Es ist absolut menschlich und okay, Wünsche und Ziele zu haben. Immerhin ist das ja auch die Prämisse dieses Ratgebers. Dein Ziel ist es, mehr Selbstbewusstsein zu erlangen. Mein Ziel ist es, dir zu mehr Selbstbewusstsein zu verhelfen. Dankbarkeit für das, was ist und das Streben nach dem, was in der Zukunft sein soll, sind keine Widersprüche. Stattdessen kannst du das Prinzip der Dankbarkeit auf jeden einzelnen Moment deines Weges zu diesem Ziel anwenden. Du kannst heute dankbar sein und gleichzeitig nach einem „besseren" Leben streben. Du kannst morgen, wenn du deinem Ziel ein Stück näher bist, genauso dankbar sein, wie du es gestern warst. Durch dieses Mindset kannst du jeden Tag genießen und zugleich entschlossener und besser an deinen Zielen arbeiten, weil du dich weniger mit negativen Gedanken in der Gegenwart beschäftigen musst.

Nun aber zur Praxis: Wie funktioniert Dankbarkeit überhaupt? Reflektiere, wofür du aktuell dankbar sein kannst bzw. willst. Was hast oder kannst du in deinem Leben, was dich glücklich macht? Leider betrachten wir Dinge oft viel zu schnell als selbstverständlich und merken erst was wir hatten, wenn es nicht mehr da ist. Diesen Spieß wollen wir jetzt ganz bewusst umdrehen. Gesundheit, Freunde, Familie, die Wohnung, das Haus, die Arbeit, der Studienplatz, Erlebnisse, Erinnerungen, Erfolge, Errungenschaften, Eigenschaften – all diese sind Aspekte, für die wir dankbar sein können. Ganz egal, ob es große oder kleine, gegenwärtige oder vergangene – ja sogar für Zukünftiges in Form von Zielen können wir dankbar sein – materielle oder nicht materielle Dinge sind. Überlege dir, wofür du dankbar sein möchtest und mach dir bewusst, dass dein Leben eigentlich gar nicht so schlecht ist, wie es im Moment vielleicht erscheint. Wenn du dir täglich ein paar Minuten Zeit für diese Art der Selbstreflexion nimmst, wird sich das positiv auf dein Wohlbefinden auswirken. Du füllst dein Gehirn dadurch mit positiven Gedanken und kreierst eine positive Grundstimmung. Auf dieser positiven Grundstimmung kannst du dann aufbauen und viel gelassener und besser deinen Alltag bewältigen und an deinen Zielen arbeiten.

Empfehlen kann ich dir, eine Art Dankbarkeits-Tagebuch zu führen, in dem du dir täglich ein paar Dinge, die dir in den Kopf kommen und für die du dankbar bist, notierst. Das macht es für dein Gehirn noch einmal greifbarer und verstärkt den Effekt. Zusätzlich kannst du so an Tagen, an denen du vielleicht keine Hoffnung und keinen Sinn siehst, auf vergangene Einträge zurückblicken und merkst dann, dass dein Leben doch viel besser und schöner ist, als es im Moment zu sein scheint.

Als letzten Tipp möchte ich dir in der Hinsicht noch mitgeben, vergangene Ereignisse auch tatsächlich in ihrer Abgeschlossenheit zu betrachten. Eine Perspektive, welche mir persönlich enorm dabei geholfen hat, loszulassen. Was einmal war, wird nie mehr wieder in gleicher Form, eins zu eins, so auftreten. Es ist okay, sich an schöne Momente zu erinnern. Noch positiver wird jene Erinnerung, wenn du dir klarmachst, dass es keinen Sinn ergibt, sich diesen Moment zurückzuwünschen. Stattdessen sei dankbar dafür, dass du ebendiesen Moment erleben durftest und die Erinnerung daran dein Leben lang ein Teil von dir sein wird – und nur weil der Moment vergangen ist, heißt es nicht, dass du in Zukunft nicht mindestens genauso schöne Momente erleben kannst und wirst.

9.1.6 Visualisieren von Zielen

Um Ziele zu erreichen, ist es notwendig, sich im Vorhinein zu überlegen, wie genau diese Ziele definiert sind. Diesen Aspekt der Zielsetzung haben wir bereits ausführlich besprochen. Wenn dieser Schritt erfolgt ist, ist die Arbeit aber noch lange nicht getan. Anschließend geht es daran, sich regelmäßig, im besten Fall täglich, diese Ziele vor Augen zu führen. Wir wollen unsere Ziele so gut wie möglich zu einem Teil von uns machen und uns immer und immer wieder in Erinnerung rufen, wo wir hinwollen und was wir erreichen möchten.

Eine ausgezeichnete Methode hierfür ist das sogenannte Visualisieren von Zielen. Beim Visualisieren oder auch Veranschaulichen von Zielen geht es darum – wie der Name schon sagt – Ziele anschaulich, greifbar zu machen bzw. in eine visuell greifbare Form zu bringen. Aber wie geht das und warum ist das so wichtig? Beginnen wir mit letzterem: Gemäß dem Gesetz der Anziehung bestimmen unserer Gedanken unser Handeln. Wie Buddha sagte: „Wir sind, was wir denken. Alles, was wir sind, entsteht aus unseren Gedanken. Mit unseren Gedanken formen wir die Welt." Wenn du über dieses Zitat nachdenkst, fällt dir wahrscheinlich auf, dass das, was er sagte, völlig logisch ist. Es könnte gar nicht anders sein. Denn alles, was wir tun, hat irgendeinen Hintergrund. Irgendeine Motivation, aus der heraus wir entsprechende Handlungen ausführen. Wenn wir uns dafür entscheiden, Sport zu machen, hat das einen Grund – einen Gedanken. Ich möchte gesund sein. Ich möchte fit sein. Ich möchte meine Ziele bezüglich Sport erreichen. Ich möchte einfach für einen Moment abschalten und die Welt um mich herum vergessen. Ich möchte den Tag mit einer gemütlichen Runde joggen in der warmen Abendsonne ausklingen lassen. Wie auch immer der Gedanke im Einzelfall konkret aussieht, er existiert. Er ist der Grund, warum ich mich dazu entschieden habe, zu einem gewissen Zeitpunkt Sport zu machen.

Umgekehrt funktioniert das Prinzip genau gleich. Wenn du dich dazu entscheidest, heute keinen Sport zu machen, obwohl das eigentlich nicht deiner Sport-Routine entspricht, so ging dieser Entscheidung ein Gedanke voraus, wie: Heute möchte ich lieber gemütlich auf der Couch liegen bleiben. Das Wetter ist mir zu unpassend. Oder: Ich muss mich noch von gestern erholen. Spätestens jetzt sollte klar ersichtlich sein, dass es unsere Gedanken sind, die darüber entscheiden, wie wir handeln. Unsere Handlungen passen sich immer unseren Gedanken an. Die logische Folge dieses Prinzips hinsichtlich Persönlichkeitsentwicklung ist das Visualisieren von Zielen. Wenn Gedanken ein so mächtiges Werkzeug sind, dann wollen wir doch alles dafür geben, um unsere Ziele fest in unseren Gedanken zu verankern. Anschließend werden sich unsere Handlungen wie von allein nach diesen Zielen ausrichten und mit der Zeit werden wir genau dort hinkommen, wo wir immer sein wollten. Soweit die Theorie.

Nun zur Praxis. Um deine Ziele so greifbar wie möglich für dein Gehirn zu machen, musst du dir so bildhaft und genau wie möglich vorstellen, was dieses Ziel ausmacht. Wie sieht dein Leben an dem Punkt aus, an dem das Ziel als erreicht gilt? Das könnte beispielsweise sein: Ich befinde mich auf einer Party mit unzähligen Leuten, auf der ich niemanden kenne. Da ich aber ein offener, kommunikativer und vor allem selbstbewusster Mensch bin, stellt dies überhaupt kein Problem für mich dar. Ich fühle mich regelrecht wohl, als wäre ich hier zu Hause, komme den ganzen Abend über mit interessanten Leuten ins Gespräch, schließe neue Bekanntschaften und Freundschaften und habe eine wundervolle Zeit – nur ein Beispiel. Wie auch immer deine Ziele im Konkreten aussehen, kann ich dir raten, dir genau zu überlegen, welche Aspekte dieses Ziels dich wirklich reizen. Warum möchte ich in Zukunft so sein? Welche Identität möchte ich in Zukunft als Mensch haben? Deine Gedanken kannst du dann aufschreiben, aufzeichnen, anschließend über dein Bett oder über deinen Schreibtisch hängen oder was auch immer. Wichtig ist nur, dass du dich für einen Moment in die Zukunft versetzt fühlst, in eine Zeit, in der du all deine Ziele erreicht hast. Je besser es dir gelingt, diese visualisierten Ziele in deinen Gedanken zu verankern, desto effektiver wirkt die Methode – und wie so oft erfordert dies eine Regelmäßigkeit. Nimm dir also am besten morgens oder abends einige Minuten Zeit, um deine Ziele zu visualisieren.

In der Folge wirst du deine Handlungen nicht nur nach diesen Zielen ausrichten, die im besten Fall, zumindest unterbewusst, immer ein Teil von dir sind. Du wirst auch Wege und Möglichkeiten wahrnehmen und erkennen, die dich deinen Zielen näherbringen. Möglichkeiten, die du ansonsten vielleicht ausgelassen hättest. Aber mit deinen Zielen im Hinterkopf steht dir nichts mehr im Weg, alles zu geben, um sie zu erreichen.

"The brain simply believes what you tell it most. And what you tell it about you, it will create. It has no choice."

Shad Helmstetter

9.2 Gedanken und Glaubenssätze – Wie du Herr deiner Gedanken wirst!

Während du mit dem Thema „Dankbarkeit“ und dem „Visualisieren von Zielen“ schon einen kleinen Einblick in die große Welt unserer Gedanken erhalten hast, werden wir jetzt einen genaueren Blick darauf werfen, wie mächtig unsere Gedanken und Glaubenssätze wirklich sind. Sie können uns runterziehen und am Boden halten, einengen und verzweifeln lassen. Sie können uns aber genauso zu dem machen, was wir sein wollen und die beste Version von uns selbst zum Vorschein bringen.

9.2.1 Negative Gedanken loswerden

Das Denken ist die Summe all unserer Gedanken. Rund 50.000 bis 80.000 davon füllen unseren Verstand Tag für Tag. Eine große Summe, welche Großes bewirken kann. Nun haben wir zwei Möglichkeiten: Wir können entweder versuchen, mehr positive Gedanken mit einzubringen, oder wir setzen da an, wo bereits etwas vorhanden ist, und versuchen negative Gedanken loszuwerden. Genau das werden wir jetzt tun. Warum das funktioniert und sehr hilfreich sein kann, will ich kurz anhand eines Beispiels veranschaulichen.

Angenommen, du möchtest abnehmen. Nehmen wir zusätzlich an, dein Körper verbrennt bei keinerlei Bewegung täglich 2000 Kalorien. Diese Energie ist notwendig, um sämtliche lebenserhaltende Funktionen des Körpers aufrechtzuerhalten. Der sogenannte Grundumsatz. Abnehmen tun wir immer dann, wenn unser Körper mehr Energie in Form von Kalorien verbraucht, als er zugeführt bekommt. Um das zu erreichen, hast du zwei Optionen: Entweder, du machst Sport, um mehr Kalorien zu verbrennen, oder du isst weniger bzw. gesünder, um deine Kalorienaufnahme zu verringern. Letzteres wäre vergleichbar mit dem Loswerden von negativen

Gedanken. Wenn deine Ausgangssituation eine ungesunde, unausgewogene Ernährung ist, so kannst du allein durch das Umstellen deiner Ernährung und das Weglassen kalorienreicher Lebensmittel viel bewirken. Auch wenn Sport immer – zurecht – als Mittel der Wahl beworben wird, um abzunehmen, baut unser Körper auch dann Masse ab, wenn wir uns keinen Millimeter bewegen, jedenfalls sofern der Input von Kalorien den persönlichen Grundumsatz nicht überschreitet. Gesund ist das natürlich nicht. Du kannst also entweder mehr Positives – in dem Fall Sport – in deinen Alltag integrieren, oder mehr Negatives – in dem Fall ungesundes, kalorienreiches Essen – weglassen, um eine Entwicklung in die gewünschte Richtung zu erreichen. In der Praxis ist eine Kombination von beidem die adäquate Methode.

Gleiches gilt für unsere Gedanken. Bevor wir uns in den nächsten Kapiteln damit beschäftigen werden, unser Leben mit mehr positiven Gedanken zu füllen, machen wir uns zunächst erstmal an die Arbeit, negative Gedanken loszuwerden.

Wie gehen wir mit dieser riesigen Menge an Gedanken, die wir Tag für Tag haben, um? Diese Entscheidung obliegt uns, wobei wir alle diesbezüglich durch unterschiedliche Hintergründe und Erfahrungen verschiedene Methoden, Strategien und Gewohnheiten haben. Jeder Lebensabschnitt prägt uns. Im Kindesalter sind wir in der Hinsicht besonders empfindlich. So sind es vor allem unsere Eltern bzw. frühen Bezugspersonen und später Lehrer und Freunde, welche unsere Entwicklung andauernd in eine gewisse Richtung vorantreiben. Aber auch Bücher, Filme und heutzutage Social Media haben großen Einfluss darauf, wie wir mit unseren Gedanken umgehen.

Unabhängig davon, was deine persönliche Geschichte und Entwicklung ausmacht, musst du lernen, das Beste daraus zu machen. Der erste Schritt, um mit negativen Gedanken umzugehen, ist Ruhe. Beruhige dich und die „Stimme“ in deinem Kopf und mach dir klar, dass du nicht deine Gedanken bist. Deine Gedanken sind nicht du. Wenn wir uns nicht bewusst damit auseinandersetzen, identifizieren wir uns im Normalfall automatisch mit unseren Gedanken, mit dieser Stimme, die uns zweifeln lässt. Aber du bist weder deine Sorgen, deine Ängste noch deine Selbstzweifel. Klar, all jene Aspekte sind ein Teil von dir. Du kannst dich aber bewusst davon distanzieren, innehalten, und dir klarmachen, dass du Macht über diese Gedanken hast und mit ihnen und gegen sie arbeiten kannst.

Anstatt negative Gedanken einfach so hinzunehmen, wie sie sind, kannst du einen Schritt zurück machen, reflektieren und diese Gedanken reframen, d.h. sie in einen neuen, vorteilhafteren Kontext bringen. Bevor ich auf die Details eingehe, möchte ich dir anhand einer kurzen Geschichte – die Geschichte vom chinesischen Bauern – näherbringen, wie wertvoll dieses Mindset sein kann.

Also: Es war einmal ein Bauer in einem kleinen, chinesischen Dorf. Das Dorf war sehr arm. Zu den Besitztümern des Bauers zählte ein Pferd, welches ihn tatkräftig bei seiner Feldarbeit unterstützte. Doch eines Tages brach das Pferd aus und lief davon. Die Nachbarn, die davon mitbekommen hatten, waren entsetzt und bekundeten dem Bauern ihr Mitgefühl. „Wie schrecklich!“ Der Bauer aber blieb gelassen und meinte nur: „Wer weiß?”

Einige Zeit später kehrte das Pferd überraschenderweise mit zwei Wildpferden zurück. So hatte der Bauer von nun an drei Pferde und die Nachbarn waren begeistert. „Welch ein Glück du hast!“ Der Bauer aber sagte nur: „Wer weiß?”

Der Sohn des Bauern wollte die Wildpferde zureiten. Eines Tages warf ihn eines der Pferde ab und er brach sich beide Beine. Die Nachbarn, die von dem Unfall erfuhren, bekundeten abermals ihr Mitgefühl. „Wie schrecklich. Jetzt kann der einzige Sohn des Bauern vielleicht nie wieder laufen.“ Der Bauer aber war gelassen wie eh und je und meinte: „Wer weiß?”

Wochen vergingen, ehe das Dorf plötzlich von einer schlimmen Nachricht erschüttert wurde. Ein Krieg war aufgekommen. Soldaten des

Herrschers kamen, um jeden fähigen Bürger des Landes zu rekrutieren. Beim Haus des Bauern aber gingen sie leer aus. Mit zwei gebrochenen Beinen war man im Krieg nicht zu gebrauchen. So blieb der Sohn des Bauern verschont. Jene, die im Dorf geblieben waren, meinten, welch Glück der Bauer hatte, dass sein Sohn nicht zum Militär musste. Der aber sagte nur: „Wer weiß?"

Der Kern dieser Geschichte ist, dass Glück und Unglück oft nahe beieinanderliegen. Was im Moment vielleicht wie ein schwerer Schicksalsschlag erscheinen mag, kann sich in Zukunft in eine ganz andere Richtung entwickeln. Folglich ist es das Klügste, die Ruhe zu bewahren und nicht in Trauer und Verzweiflung zu versinken. Der Rückschlag oder die Abweisung von heute kann morgen schon zum großen Glück werden.

Um zurück zu unserem Thema zu kommen, bedeutet das, dass du im Negativen immer auch das Positive sehen kannst. Diese Fähigkeit zu erlernen, braucht Zeit und Training. Immerhin sind negative Emotionen von Natur aus die Konsequenz negativer Gedanken. Im ersten Schritt versuche also, negative Gedanken bewusst wahrzunehmen und innerlich "STOPP" zu sagen, sobald du merkst, dass diese vermehrt in dir aufkommen. Als Nächstes erinnere dich, dass die Situation vielleicht gar nicht so schlimm ist, wie du sie aktuell empfindest, und überlege dir, wie du doch noch daraus profitieren kannst. Vielleicht nicht heute, dafür aber in Zukunft. Setze diese positiven Gedanken dann neben deine negativen Gedanken. So relativierst du diese und kannst besser damit umgehen.

Dieses Prinzip kannst du in jeder Situation und auf jeden einzelnen Gedanken anwenden. Halte inne, hinterfrage den Gedanken und überleg dir, ob du daraus etwas Positives ziehen kannst. Ist dem nicht so, reframe den Gedanken dahingehend, sodass er zu einem positiven, lösungsorientierten Gedanken wird. Wie bereits erwähnt, erfordert dieser Prozess Training. Anfangs erinnerst du dich an diese Methode oft vielleicht erst dann, wenn es schon zu spät ist, oder aber es gelingt dir nicht, gegen deine negativen Gedanken anzukommen. Ich spreche in der Hinsicht gerne vom sogenannten „STOPP-Muskel", der zwar kein echter Muskel ist, genauso wie ein echter Muskel aber trainiert werden muss. Je öfter du dich bewusst mit deinen Gedanken auseinandersetzt und dieses Prinzip anwendest, desto leichter wird es dir fallen, rechtzeitig Stopp zu sagen und das „Glück im Unglück" zu erkennen. Mit der Zeit wird die Zahl deiner negativen Gedanken so gänzlich abnehmen und du wirst Stück für Stück merken, wie jene durch immer mehr positive Gedanken ersetzt werden. Zudem gibt dir diese Methode das Gefühl, selbst die Kontrolle zu haben. Du hast deine Gedanken in der Hand, nicht umgekehrt. Du bist nicht deine Gedanken. Du stehst über ihnen, kannst sie kontrollieren und zu deinem Vorteil nutzen.

9.2.2 Positives Selbstbild kreieren

Du weißt bereits, dass unsere Handlungen die Art und Weise, wie wir uns selbst wahrnehmen, beeinflussen, und wie die Wechselwirkung zwischen Handlung und Identität funktioniert. Wenn wir über einen ausreichend langen Zeitraum gewisse Handlungen durchführen, so verändert sich unsere Identität dementsprechend. Wir integrieren das Verhalten in unser Selbstbild. Die Kluft zwischen aktuellem Selbstbild und zukünftiger, gewünschter Identität nimmt ab. Es gibt aber auch noch eine zweite Methode, wie wir dazu beitragen können, dass sich unser Bild von uns selbst in die gewünschte Richtung entwickelt. Denn nicht nur Handlungen an sich, sondern auch die bewusste, mentale Auseinandersetzung mit unserem Selbstbild kann diese Entwicklung vorantreiben.

Wie das funktioniert, sehen wir uns in diesem Kapitel an. Es geht jetzt also vor allem darum, sich auf mentaler Ebene mit dem Thema auseinanderzusetzen, zu verstehen und zu fühlen, was diese Identitätsentwicklung mit uns macht, und wie wir gezielt und nur mit der Kraft unserer Gedanken dahingehend etwas bewirken können.

Zunächst müssen wir folgende zwei Punkte festhalten: Erstens: Es existiert eine andauernde Wechselwirkung zwischen unseren Gedanken und unseren Handlungen. Wir handeln gemäß unseren Gedanken, gemäß dem, was wir über uns selbst denken. Wenn du dir einredest, du seist tollpatschig, so wird sich dieser Gedanke in deinem Gehirn manifestieren und zur selbsterfüllenden Prophezeiung werden. Gleiches gilt für sämtliche andere Eigenschaften, die du dir selbst zuordnest. Alles, was Teil deines Selbstbilds ist, beeinflusst dein Verhalten.

Zweitens: Unser Selbstbild ist nicht in Stein gemeißelt und unterliegt einem stetigen Wandel. Jede Erfahrung, jede Handlung, jede Entscheidung und jeder Gedanke bewirkt eine Entwicklung in eine bestimmte Richtung. Mit diesem Wissen können wir uns dieses Prinzip zunutze machen, indem wir bewusst in den Wandel eingreifen, um eine Veränderung unseres Selbstbilds in die gewünschte Richtung hervorzurufen – und das auf rein mentaler Ebene.

Unser Gehirn saugt alles auf, was wir ihm bieten – wie ein Schwamm, der Wasser in sich aufnimmt. Egal, ob du dir denkst, dass du sportlich, kommunikativ, offen, erfolgreich, wertvoll oder aber ungeschickt, unsportlich, verschlossen, ängstlich oder verzweifelt bist – all diese Gedanken verändern die Art und Weise, wie du dich selbst wahrnimmst, entweder ins Positive oder Negative. Sie manifestieren sich in deinem Selbstbild. Wenn du dir gewisse Eigenschaften über einen ausreichend langen Zeitraum und oft genug selbst zuschreibst, so fängst du an zu denken, dass du auch wirklich so bist. Leider ist unser Gehirn in der Hinsicht oft offener für negative Eigenschaften und integriert diese nachhaltiger in unser Selbstbild als positive. Dem wollen wir natürlich entgegenwirken, um die beste Version unserer selbst zu werden.

Im ersten Schritt geht es darum herauszufinden, wie dein aktuelles, „unverzerrtes" Selbstbild wirklich aussieht. Wer bist du? Wie bist du? Was macht dich aus? Unverzerrt insofern, als dass wir uns oft verstellen oder etwas vortäuschen, um negative Aspekte zu verstecken. Oft tun wir das gar nicht mit Absicht, sondern völlig unterbewusst. Unser wahres, authentisches Selbstbild hingegen zeigt sich am ehesten dann, wenn wir allein sind, uns vor niemandem verstecken müssen und genau so sein können, wie wir wirklich sind. Wobei das nicht automatisch bedeutet, dass wir auch so sein möchten, wie wir sind. Immerhin wollen wir unser Selbstbild ja verändern. Vorerst ist es aber notwendig, zu klären, was dieses Selbstbild aktuell ausmacht –ob oder inwiefern wir mit diesem authentischen Selbstbild aktuell zufrieden sind, spielt hierbei keine Rolle.

Anschließend geht es daran, ein Idealbild von sich selbst zu schaffen. Wer wir heute sind, ist geklärt. Aber wer wollen wir morgen sein? Gehe in dich hinein und finde heraus, wie dein ideales Selbstimage aussieht, welches all deine Wünsche, Träume und Ambitionen zufriedenstellt. Was ist dir wichtig? Welche Eigenschaften, Werte und Prinzipien sollen dich in Zukunft ausmachen? Was ist das für ein Mensch, der du gerne sein möchtest?

Sobald auch dieser Schritt erledigt ist, haben wir eine Ausgangsposition – dein authentisches Selbstbild – und eine Zielgröße – dein ideales Selbstbild. Wenn du dich jetzt dafür entscheidest, dass du dieses neue, ideale Selbstbild sein willst, so kommst du diesem Ziel schon ein großes Stück näher. So simpel das in der Theorie klingen mag, so schwierig gestaltet es sich oft in der Realität. Entscheide dich also mit voller Energie, mit voller Überzeugung und Entschlossenheit, dieses Selbstbild anzunehmen. Anschließend musst du dich gedanklich in dieses Selbstimage hineinversetzen. Wie fühlst du dich? Wie fühlt sich die Welt um dich herum an? Wie nimmst du die Welt um dich herum wahr? Was hat sich im Vergleich zu vorher verändert?

Im Alltag ist es natürlich nicht einfach, sich andauernd gedanklich zugunsten des idealen Selbstbildes von seinem aktuellen Selbstbild zu trennen. Wir sind bzw. werden aber zu dem, woran wir die meiste Zeit denken. Je länger du dich also in dein neues Selbstimage hineindenkst, desto mehr wirst du auch so werden, wie du es dir vorstellst. Die Kluft nimmt weiter ab. Da dies aber vor allem am Anfang deine volle Aufmerksamkeit brauchen wird, empfehle ich, dir täglich Zeit zu nehmen, um dich ganz bewusst damit auseinanderzusetzen. So kannst du deinen vollen Fokus auf diese Übung richten und dich in dein ideales Selbstbild hineinversetzen.

9.2.3 Positive Selbstgespräche

Während meiner Schulzeit hatten wir einmal einen Vortrag bzw. Workshop einer Karrieretrainerin, welche uns einen Vormittag lang verschiedene Inhalte über Persönlichkeitsentwicklung und das Berufsleben näherbrachte. Obwohl ich davon damals kaum etwas mitnehmen konnte und den Workshop eher als unterdurchschnittlich, langweilig und etwas zu abstrakt und realitätsfremd wahrgenommen habe – eine Einschätzung, die sich gut mit der Meinung meiner Mitschülerinnen und Mitschüler deckte – gab es da doch diesen einen Satz, der mir bis heute in Erinnerung geblieben ist: „Wartet nicht darauf, dass ihr Lob von anderen bekommt, sondern lobt euch selbst und feiert eure eigenen Erfolge."

Als soziale Wesen haben wir Menschen ein Bedürfnis nach Lob und Anerkennung. Aus evolutionärer Sicht zeigt das, dass wir der Gesellschaft – zu früheren Zeiten der Sippe oder Gemeinschaft – einen Mehrwert bieten. Wir fühlen uns also nützlich und geschätzt. Wie die Vortragende meiner Schulzeit richtig meinte: Warum sollten wir darauf warten, dass andere unseren Wert erkennen und sich dahingehend erkenntlich zeigen? Wieso sollten wir uns nicht auch einfach selbst loben? Gesagt, getan. Seit diesem Tag wende ich das Prinzip für mich selbst an und kann berichten, dass sich dadurch einiges in meinem Leben zum Positiven verändert hat. Vor allem war ich dadurch weniger von meinen Mitmenschen abhängig, weil ich weniger stark auf externe Bestätigung angewiesen war. Wenn ich wusste, dass ich etwas gut gemacht hatte, konnte ich immer auch selbst stolz auf mich sein und wartete nicht sehnlichst darauf, bis irgendjemand anderes zeigte, dass sie oder er stolz auf mich war. Somit blieb auch die Enttäuschung aus, für den Fall, dass ich umsonst auf das Lob anderer wartete.

Also: Lobe dich ab und zu einfach selbst. Wenn du deine tägliche Sporteinheit erfolgreich abgeschlossen hast, kannst du darauf stolz sein. Wenn jene weniger erfolgreich verlaufen ist als sonst, kannst du dich trotzdem loben – beispielsweise dafür, dass du es zumindest versucht und deine Routine aufrechterhalten hast. Selbst wenn es dir aus irgendeinem Grund nicht gelungen ist, dich heute zum Sport zu überwinden, obwohl du es dir vorgenommen hattest, kannst du immer noch stolz auf dich sein. Du kannst dich für deine bisherigen Leistungen und dein Durchhaltevermögen loben und dich im Vergleich dazu an eine Zeit zurückerinnern, in der du vielleicht nicht nur einen Tag, sondern monate- oder jahrelang keinen Sport gemacht hattest. Oder du bewahrst die Ruhe, nimmst dir fest vor, direkt morgen wieder in alter Frische zum Training zu erscheinen, und lobst dich für die Art und Weise, wie du mit diesem temporären Rückschlag zurechtkommst und umgehst. Wie du siehst, gibt es viele verschiedene Dinge, für die du dich selbst loben kannst.

Ich wage sogar zu behaupten, dass du immer – wirklich immer – einen Grund finden wirst, warum du stolz auf dich selbst sein kannst – und sei es einfach, weil du schon seit Jahren auf dieser Erde lebst und bisher noch jede Herausforderung irgendwie überstanden hast. Dafür kann man sich schon mal guten Gewissens selbst loben, auch wenn das Leben abgesehen davon im Moment wenig lobenswert erscheint. Grundsätzlich kann ich empfehlen, in jeder Situation immer auch das Gute zu suchen und sich darauf zu fokussieren. Wenn du einen außerordentlich schlechten

Tag hattest und am Abend völlig aufgelöst und verzweifelt über die vergangenen Stunden nachdenkst, so kann dies das Geschehene nicht mehr ungeschehen machen. Wenn du dich aber auf das Positive konzentrierst, dir selbst gut zuredest und dich dafür lobst, dass du den Tag trotz allem irgendwie überstanden hast, so kann das deinen Zustand ein Stück weit besser machen.

Zuletzt möchte ich dir noch den Tipp geben, dich insbesondere im Hinblick auf deine Komfortzone selbst zu loben. Nämlich immer dann, wenn du diese verlässt. Ich brauche dir vermutlich kaum erzählen, wie viel Überwindung und Willenskraft es oft braucht, um über uns selbst hinauszuwachsen und auch nur einen Schritt außerhalb unserer Komfortzone zu machen. Wenn dir das aber gelingt, so solltest du dich dafür „belohnen" und dir in Erinnerung rufen, wie wichtig das, was du da gerade getan hast, für deine Persönlichkeitsentwicklung ist.

9.2.4 Selbstliebe trainieren

Ähnlich wie die Sache mit dem Selbstlob verhält es sich mit dem Thema Liebe. Die Liebe eines anderen Menschen zu erfahren, gehört zweifelsohne zu einem der schönsten Dinge, die wir Menschen erfahren können. Nichtsdestotrotz ist es ebenso wichtig, sich selbst zu lieben – Selbstliebe ist die einzige Liebe, die du immer und überall erfahren kannst. Außerdem ist ein gewisses Maß an Selbstliebe und Akzeptanz seiner eigenen Person gegenüber in den meisten Fällen ohnehin Voraussetzung dafür, erfüllende zwischenmenschliche Beziehungen zu führen.

Selbstliebe ist eine bewusste Entscheidung. Eine Einstellung zu sich selbst, zu der wir uns jederzeit bekennen können, ohne auf externe Faktoren angewiesen zu sein. Es geht darum, sich selbst so zu akzeptieren, wie man ist, und zu lernen, diesen Menschen zu lieben. Trotz all den Dingen, die im Moment vielleicht falsch laufen. Trotz all deinen Fehlern und negativen

Eigenschaften. Wichtig ist noch festzuhalten, dass Selbstliebe in dem Sinn nichts mit Selbstverliebtheit oder gar Arroganz zu tun hat. Um dich selbst zu lieben, musst du deine Augen nicht vor deinen Schwächen verschließen und dich auch keineswegs besser als andere fühlen. Ganz im Gegenteil: Du sollst deine Augen öffnen, dich so wahrnehmen, wie du bist – und genau so lieben, wie du bist. Es wäre außerdem ein Trugschluss zu denken, du könntest dich erst dann selbst lieben, wenn du deinem optimalen Selbstbild entsprichst. Wie wertvoll und liebenswert du bist, hat nichts mit deinen Leistungen oder Erfolgen zu tun. Du kannst dich heute ebenso selbst lieben wie dann, wenn du deinem idealen Selbstbild entsprichst.

Nichtsdestotrotz wird es dir zunächst vielleicht aber nicht so recht gelingen, dich wirklich so anzunehmen, wie du bist – und dich dafür auch noch zu lieben. Denn Selbstliebe ist eine Gewohnheit und verhält sich wie ein Muskel, der trainiert werden muss. Mit ausreichend Durchhaltevermögen kannst du es aber schaffen, Selbstliebe zu einem festen Bestandteil deiner Identität zu machen. Mit der Zeit wird es dir dann sogar seltsam und nicht richtig vorkommen, wenn du dich selbst schlecht machst, da dies einen Widerspruch zu deiner Liebe für dich selbst darstellen würde.

Wie kannst du es nun aber schaffen, dich auch wirklich zu lieben? Zunächst musst du dir klarmachen, dass du dich nicht mit Konsum, Leistungen oder der Meinung von anderen identifizieren solltest. Selbstliebe ist wie gesagt eine Entscheidung, eine Einstellung, welche in deinem Inneren entstehen muss und keinerlei Einflüsse von außen benötigt. Um diese Einstellung zu festigen, tue dir selbst regelmäßig etwas Gutes. Das könnte beispielsweise ein Urlaub, eine Auszeit, ein Tag nur für dich allein, eine Massage, eine gesunde Mahlzeit oder dein Lieblingsessen sein. Gleichzeitig musst du versuchen, deinen Körper und dich im Gesamten so zu akzeptieren, wie du bist. Du kannst dich auch zwischendurch einfach immer wieder mal dazu „zwingen“, ein Lächeln aufzusetzen. Dieses bewirkt genau wie ein natürliches Lachen, dass dein Gehirn Glückshormone ausschüttet und sich ein Gefühl der Zufriedenheit in dir ausbreitet. Oder streichle dich einfach mal selbst und sag dir, dass du dich liebst. Eine empfehlenswerte Übung wäre beispielsweise, jeden Morgen und Abend vor einem Spiegel eine Minute lang deinem Spiegelbild „Ich liebe dich" zu sagen. So seltsam sich das jetzt vielleicht für dich anhören mag oder sich jene Übung anfangs anfühlt, so wirksam kann sie sein, um dir dabei zu helfen, Selbstliebe zum festen Bestandteil deines Lebens zu machen.

Besonders wichtig, sich selbst Liebe zu geben, ist es immer dann, wenn du aus irgendeinem Grund unzufrieden mit dir selbst bist. In jenen Momenten, in denen du merkst, dass du dein eigenes Dasein gerade ablehnst und dich nicht so annehmen willst, wie du bist, kannst du dieser Negativität konsequent und erfolgreich entgegenwirken – indem du dich bewusst dafür entscheidest, dich selbst zu lieben.

9.2.5 Lerne, deine eigenen Grenzen zu erkennen und durchzusetzen

Im Laufe dieses Ratgebers hast du bereits mehrfach etwas über das Prinzip der Komfortzone gehört und darüber, wie wichtig es ist, diese so oft wie möglich zu verlassen, um über sich selbst hinauszuwachsen und zu lernen. Nun ist es so, dass ein Verlassen dieser Komfortzone immer mit einem gewissen unbehaglichen Gefühl verbunden ist und es Überwindungskraft bedarf, den entsprechenden Schritt zu machen. Neben einer Komfortzone hat jeder Mensch zusätzlich gewisse Grenzen, welche er – anders als den Bereich der Komfortzone – in keiner Situation überschreiten sollte. Grenzen bzw. Boundaries sind das, worüber wir unsere Werte und Prinzipien definieren. Auch unsere individuelle Belastbarkeit und Stressresistenz spielen hierbei eine große Rolle.

Wann immer jemand unsere persönlichen Grenzen überschreitet, löst dies ein Gefühl der Unterdrückung aus. Vielleicht fühlst du dich auch ausgenutzt. Durch das Verletzen unserer Grenzen ordnen wir uns automatisch unter, weil wir anderen Macht über uns selbst geben. Die logische Folge ist ein Gefühl von Machtlosigkeit, Fremdbestimmung und potenziell auch ein gewisses Abhängigkeitsgefühl, weil dein eigenes Wohlergehen von den Taten anderer abhängt. Werden deine Grenzen respektiert, auch wenn du diese nicht explizit nach außen kommuniziert hast, ist alles gut. Werden deine Grenzen aber nicht respektiert und machst du auch nicht auf diese aufmerksam, so löst dies die eben genannten negativen Emotionen in dir aus. Insofern kann das Gefühl aufkommen, du seist abhängig von anderen. Wenn du dich nach einem „Nein" fühlst, aber dennoch „Ja" sagst, weil dir die notwendige mentale Stärke fehlt, „Nein" zu sagen, so handelst du entgegen deinen eigenen Werten. Dies wirkt sich negativ auf dein Selbstwertgefühl aus, weil du dir damit selbst zeigst, dass deine Werte wohl nicht so wichtig sein können.

Um all jene negativen Aspekte zu vermeiden, ist es wichtig, dass du dich mit deinen eigenen Grenzen auseinandersetzt. Einerseits musst du deine Grenzen kennenlernen, und andererseits musst du lernen, damit umzugehen und für jene Grenzen auch einstehen zu können. Du musst auf deine eigenen Gefühle und Bedürfnisse achtgeben, um zu verstehen, wo deine Grenzen sind und wann diese überschritten werden. Auf dem Weg zu mehr Selbstbewusstsein ist es wichtig, seine Komfortzone zu verlassen. Allerdings sollte das immer in einem für dich emotional tragbaren Rahmen stattfinden. Ab einem gewissen Punkt ist Schluss. Diesen Punkt bestimmst einzig und allein du und niemand hat das Recht, diesen Punkt zu überschreiten. Wenn du deine eigenen Grenzen kennst, dafür einstehst und andere darauf hinweist, wenn etwas zu weit für dich geht oder du dich unwohl fühlst, steigert das deine Selbstachtung und dein Selbstwertgefühl – du bist es wert, dass dir niemand schaden darf. Außerdem verhinderst du so eine Menge Stress.

„Nein" sagen ist oft schwieriger, als man meinen könnte. Wenn du dich mit einer Ja-Nein-Entscheidung konfrontiert siehst, nimm dir erst einmal einen Augenblick Zeit, um deine Optionen abzuwägen. Atme ein paar Mal tief durch und überlege dir, womit du dich in der Situation am wohlsten fühlst. So verhinderst du, dass du Dingen impulsiv zustimmst, welche du im Nachhinein bereust. Sofern du dir die Fähigkeit angeeignet hast, klar „Nein“ zu sagen, kannst du viel gelassener und selbstbewusster durchs Leben gehen. Du brauchst vor keiner potenziell unbehaglichen Situation mehr Angst zu haben, weil du weißt, dass du jederzeit einen Schritt zurückmachen und deinen Fokus auf deine eigenen Bedürfnisse richten kannst. Ich spreche in der Hinsicht gerne vom sogenannten „gesunden Egoismus“. Manche Situationen erfordern es schlicht und einfach, entgegen den Erwartungen anderer zu handeln, um sich selbst aus einer misslichen Lage zu befreien und eine Überbelastung zu verhindern. Solange du damit niemandem schadest, sollte dein eigenes Wohlbefinden immer an erster Stelle in deinem Leben stehen. Zwischenmenschliche Beziehungen erfordern zumeist aber Kompromisse, was absolut kein Problem darstellt – es geht lediglich um einen gesunden Egoismus, nicht um Egoismus per se. Sofern alles im Rahmen deiner eigenen Grenzen abläuft, kannst und sollst du natürlich Kompromisse eingehen, um erfüllende Beziehungen und Erfahrungen zu erleben.

Mir selbst hat dieses Mindset ungemein geholfen, da ich lange Zeit Probleme damit hatte, meine eigenen Grenzen klar zu kommunizieren. Besonders dann, wenn ich mit Leuten zu tun hatte, welche mir nicht besonders nahestanden oder mir völlig unbekannt waren, verspürte ich immer einen gewissen Druck, mich anzupassen und die Erwartungen jener Leute nicht zu enttäuschen. Wenn ich beispielsweise auf der Uni über Freunde mit Leuten zusammenkam, zu denen ich kein enges Verhältnis hatte, gelang es mir oft tatsächlich nicht, Einladungen abzulehnen – und so war ich des Öfteren bei einem gemeinsamen Essen oder auf einer Party, auf der ich mich unwohl fühlte und eigentlich gar nicht sein wollte. Als ich das aber realisiert habe und lernte, mich in solchen Situationen einfach auf mich selbst zu fokussieren und die Interessen anderer hintenanzustellen, änderte sich alles. Von nun an hatte ich das Gefühl, die Kontrolle selbst in der Hand zu haben. Infolgedessen konnte ich Situationen, welchen ich anfänglich mit einem etwas mulmigen Gefühl entgegengetreten war, viel eher genießen, da ich wusste, dass ich ein mächtiges Werkzeug in der Hinterhand habe, welches ich jederzeit benutzen kann. Wenn ich mich auf der Party nicht wohlfühle, kann ich mich jederzeit verabschieden und nach Hause oder sonst wohin fahren – und was die anderen dann denken, kann mir relativ egal sein, denn meine Entscheidung, mein „Nein", fügt niemandem Schaden zu.

Besonders für den Fall, dass du dich ungerecht behandelt fühlst oder dich jemand absolut runtermacht – seien es Arbeitskollegen, Kunden, dein Chef, Bekannte oder Fremde – solltest du das Problem klar und deutlich ansprechen. Im Idealfall unter vier Augen erläuterst du deinem Gegenüber, natürlich ohne unhöflich zu werden, dass eine deiner Grenzen überschritten wurde und du das nicht ohne weiteres über dich ergehen lässt. Sofern das zu keiner Besserung führt und dein Feedback umsonst war, musst du selbst aktiv Schritte tun, um der entsprechenden Situation aus dem Weg zu gehen. Sei es, dass du einfach den Raum verlässt und dich zurückziehst, nach Hause fährst oder gar die entsprechende Person konfrontierst.

"Each of us must confront our own fears, must come face to face with them. How we handle our fears will determine where we go with the rest of our lives. To experience adventure or to be limited by the fear of it."

Judy Blume

9.3 Ängste und die 4-Schritt-Methode, um diese zu überwinden – Wie du dich von deinen Ängsten nicht mehr aufhalten lässt!

Wir Menschen begegnen gewissen Situationen tagtäglich mit einer gewissen Vorsicht, mit Respekt oder mit Angst. Angst ist ein essenzieller Bestandteil unserer Psyche – ein natürlicher Schutzmechanismus, der uns bei Gefahr warnt und entsprechende körperliche Prozesse wie die Ausschüttung von Stresshormonen einleitet. Wenn die Angst aber in keinem adäquaten Verhältnis zur realen Bedrohung steht, so erfüllt die Angst nicht mehr ihren eigentlichen Zweck, sondern stellt vielmehr eine unnütze Belastung dar.

Um mit seinen Ängsten richtig umgehen zu können, ist es wichtig zu verstehen, was Angst eigentlich ist – Angst ist an sich nichts Negatives. Außerdem ist es wichtig, seine Ängste zu akzeptieren. Wie so oft wollen wir uns auf die positiven Aspekte unserer Ängste fokussieren, anstatt uns dem Angstzustand hilflos auszuliefern. Betrachte deine Angst als einen Kompass. Immer dann, wenn du Angst verspürst, ist das ein Zeichen dafür, dass du an dir arbeiten und über dich hinauswachsen kannst. Jede Handlung entgegen oder trotz einer Angst lässt dein Selbstbewusstsein ein Stück weit wachsen.

In dem Moment, in dem die Angst aufkommt, ist das natürlich schwierig. Die natürliche Reaktion auf Angst ist es zu versuchen, der gefährlichen – oder auch nur scheinbar gefährlichen – Situation zu entkommen. Langfristig wirst du deine Ängste aber nur dann bewältigen können, wenn du dich ihnen stellst. So zeigst du dir jedes Mal selbst, dass du in der Lage bist, eine Situation trotz deiner Angst zu meistern. Infolgedessen wird die Angst beim nächsten Mal nur mehr in abgeschwächter Form auftreten, bis sie irgendwann zur Gänze überwunden ist.

Sich zurückzuziehen, um jeglichen mit Angst verbundenen Situationen aus dem Weg zu gehen, wäre äußerst kontraproduktiv und in der Praxis kaum umsetzbar. Irgendetwas wird immer auftauchen, wovor du Angst hast. Denn wie gesagt: Damit Angst entsteht, bedarf es nicht zwingend einer realen Bedrohung. Wir alle haben unsere Ängste. Es geht also nicht darum, ein möglichst furchtloser Mensch zu werden. Stattdessen solltest du deinen Fokus darauf richten, wie du mit deinen vorhandenen Ängsten umgehst.

Eine hilfreiche Methode im Umgang mit Angst ist es, diese zu analysieren. Was ist es genau, was mir Angst macht? Welches Szenario bereitet mir so große Sorgen? Was wäre, wenn das Worst-Case-Szenario tatsächlich zur Realität wird? Dieses Prinzip kannst du auf jede deiner Ängste anwenden. Mach dir klar, welche Auswirkungen es für dich haben würde, sollten deine Befürchtungen wahr werden – und akzeptiere die Situation, so wie sie ist. Oft wirst du dabei bemerken, dass selbst das Worst-Case-Szenario weitaus weniger gravierende Folgen hätte, als es dir deine Angst vorspielt.

Anschließend solltest du das Reframing-Prinzip anwenden. Wie kannst du von deinen Ängsten profitieren? Ganz klar: Angst bietet dir immer die Möglichkeit, deine Komfortzone zu verlassen, was wiederum deine Komfortzone erweitert und dich zu einem selbstbewussteren Menschen macht – und je größer deine Komfortzone ist, desto mehr nimmt dein Angstlevel ab. Zukünftigen Situationen begegnest du folglich mit weniger Angst, was es wiederum leichter macht, damit klarzukommen. Wie du deine Komfortzone proaktiv vergrößern kannst, werde ich dir am Ende dieses Ratgebers im Rahmen der 30-Tage-Komfortzonen-Challenge näherbringen. Lerne, dich zu freuen, wenn du Angst wahrnimmst. Anstatt die negativen Emotionen in den Vordergrund zu rücken, versuche dich an der Möglichkeit, die dir die Angst bietet, zu erfreuen. Wenn es dir gelingt, das zur Gewohnheit zu machen, wirst du Angst aus einer völlig neuen Perspektive betrachten. Gleichzeitig nimmt dir das auch die Angst vor der Angst.

Wie bereits erwähnt, bedarf es einer Menge Überwindung, um sich seinen Ängsten zu stellen. Damit dir das eher gelingt, überlege dir, welche

Konsequenzen es hätte, wenn du deiner Angst aus dem Weg gehst, anstatt dich ihr zu stellen. Erinnere dich an deine Ziele und mach dir bewusst, dass du dich jetzt dafür entscheiden kannst, deine Komfortzone zu verlassen und deinen Zielen näherzukommen.

9.3.1 Die 4-Schritt-Methode zur Bewältigung von Ängsten

Um dir die Bewältigung von Angst- und Drucksituationen zu erleichtern, möchte ich dir die sogenannte 4-Schritt-Methode näherbringen. Diese bietet eine praktische Anleitung, wie du es schaffen kannst, deine Ängste zu überwinden. Es handelt sich hierbei um praktische Methoden und Übungen, auf die du jederzeit und ab sofort zurückgreifen kannst. Selbst wenn du nur das aus diesem Buch mitnimmst, hat es sich für dich schon gelohnt, da du konkrete Bewältigungsmethoden hast, die du wirklich jeden Tag einsetzen kannst. Aber was ist diese 4-Schritt-Methode überhaupt?

Schritt 1: Die 4-7-8-Atemtechnik

Punkt eins ist die sogenannte 4-7-8-Atmung. Dabei handelt es sich um eine spezielle Atemtechnik zur sofortigen Beruhigung, indem man sich auf seinen Atem fokussiert und diesen gezielt verlangsamt. Atme 4 Sekunden durch die Nase ein, halte dann 7 Sekunden die Luft an, ehe du 8 Sekunden durch den Mund ausatmest. Je nach Präferenz kannst du diese Zeitspannen auch auf 2 Sekunden, 3,5 Sekunden und 4 Sekunden halbieren. Ausschlaggebend bezüglich Wirksamkeit ist nämlich in erster Linie das Verhältnis von Luft anhalten und ausatmen – mit dem richtigen Verhältnis steigt nämlich der Sauerstoffgehalt in deinem Blut. Das langsame Ausatmen führt zusätzlich dazu, dass sich dein Puls verlangsamt. In der Folge entspannt sich dein Körper und ein Gefühl der Ruhe breitet sich aus.

Angst löst genau das Gegenteil aus – Stresshormone werden ausgeschüttet und unser Puls wird schneller. Von Entspannung ist hier keine Rede. Durch die 4-7-8-Atemtechnik kannst du den körperlichen Auswirkungen der Angst entgegenwirken. Im Endeffekt gibt dir das dann mehr Spielraum, um dich auf mentaler Ebene mit der Situation auseinanderzusetzen – es wird dir leichter fallen, die Situation psychisch zu bewältigen.

Schritt 2: Selbstbewusste Körpersprache – Power Pose

Unsere Körpersprache ist immer ein Ausdruck davon, wie wir uns im Moment fühlen. Ohne es zu merken, spiegelt sich die Art und Weise, wie wir Situationen wahrnehmen in unserer Körpersprache wider. Da das Ganze unbewusst abläuft, ist es nicht empfehlenswert, bewusst zu versuchen, seine Gestik und Mimik permanent zu mikromanagen. Denn wenn du dich eigentlich unsicher fühlst, aber eine vermeintlich selbstbewusste Körpersprache aufsetzt, so wirkt das auch aufgesetzt – es wirkt gefakt, inkongruent und unnatürlich. Oft sagt man, dass unsere Körpersprache nie lügt. Selbst die perfekte Täuschung fliegt bei genauerer Betrachtung auf, weil winzige Aspekte unserer Körpersprache – eine „falsche" Bewegung mit einem Bein oder Arm reicht schon aus – das gesamte Kartenhaus zum Einsturz bringen können und Außenstehende sofort wissen lassen, was eigentlich Sache ist. Aber warum ist das so?

Wie eben bereits kurz angedeutet, ist Körpersprache etwas, auf das wir im Normalfall aktiv keinen Einfluss nehmen. Trotzdem ist das Prinzip Körpersprache an sich ein enorm komplexer Prozess. Die bewusste Kontrolle unserer Körpersprache transferiert diesen eigentlich automatischen Prozess ins Manuelle. Die Gesamtheit unserer Körpersprache setzt sich aus unzähligen kleinen Bausteinen zusammen. Jeder Muskel trägt seinen Teil zu unserer Körpersprache bei. Das Managen unserer Körpersprache ist dadurch enorm aufwendig und schwierig – wir müssen unseren gesamten Fokus darauf richten, wobei selbst das nicht ausreicht, um wirklich jede Bewegung zu kontrollieren. Es ist also nicht nur aufwendig und schwierig, sondern darüber hinaus auch wenig erfolgversprechend. Besonders in Angst- und Drucksituationen würden wir uns dadurch nur selbst überfordern und lähmen.

Eine viel bessere Alternative stellt die sogenannte „Power Pose“ dar, welche im Gegensatz zur Kontrolle einzelner Bewegungen weder ein unrealistisch hohes Level an Konzentration noch besonders viel Gedankenkraft benötigt – dafür aber umso wirksamer ist. Unsere Körpersprache zeigt, wie sicher und selbstbewusst wir uns fühlen. Das ist aber nur die halbe Geschichte. Der Effekt funktioniert nämlich auch umgekehrt. Durch eine selbstbewusste Körperhaltung – in Form der Power Pose – fühlen wir uns auch direkt etwas selbstbewusster. Die Power Pose stellt eine Handlung dar – unser Selbstbild und Selbstbewusstsein ziehen nach. So wie wir es im Hinblick auf den Identity-Change immer besprochen haben.

In der Praxis funktioniert die Power Pose folgendermaßen: Richte dich auf und mach dich groß. Beachte dabei, dass dein Rücken gerade ist. Brust raus, offene Arme. Du kannst die Arme auch seitlich in die Hüften stützen, je nachdem wie du dich wohler fühlst. Das Ziel ist, dass du mithilfe dieser Körperhaltung möglichst viel Raum einnimmst – mindestens deutlich mehr Raum, als du im Normalfall einnehmen würdest. Wie die amerikanische Sozialpsychologin Amy Cuddy in einer Studie herausfand, führt diese Haltung zu einem erhöhten Testosteronspiegel, was dich mutiger werden lässt. Gleichzeitig werden geringere Mengen des Stresshormons Cortisol ausgeschüttet, wodurch du gelassener bist und dich entspannter fühlst. Um von diesen Effekten zu profitieren, empfehle ich dir, mehrmals täglich diese Körperhaltung einzunehmen. Gerade in Situationen, in denen du dich unsicher oder ängstlich fühlst, stellt die Power Pose eine bestens geeignete Methode dar, um direkt etwas selbstbewusster, selbstsicherer und entspannter zu werden.

Schritt 3: Become an Actor – wie würde ein selbstbewusster Mensch handeln?

Im nächsten Schritt überlege dir, wie ein selbstbewusster Mensch an deiner Stelle handeln würde. Halt einen Moment inne, versetz dich in einen absolut selbstbewussten Menschen und spiel die Situation aus Sicht dieser Person durch. Was würde ein selbstbewusster Mensch jetzt tun? Anschließend versuche, das Resultat dieses Gedankenexperiments so gut wie möglich selbst anzuwenden und deine Handlungen dementsprechend anzupassen – so als wärst du selbst durch und durch selbstbewusst.

Schritt 4: 5-Sekunden-Regel

Komplett macht die 4-Schritt-Methode erst die sogenannte „5-Sekunden-Regel". Oft ist es so, dass die Angst immer größer und präsenter wird, je länger wir darüber nachdenken. Das ist ganz normal. Wenn du dich aber zu lange mit deiner Angst beschäftigst, wird diese oft so stark, dass sie einen lähmenden Charakter entwickelt und es dir im Anschluss nicht mehr gelingt, die notwendige Überwindungskraft aufzubringen, um eine Handlung zu tätigen. Deshalb ist es wichtig, seinen Fokus so schnell wie möglich von der Angst abzuwenden, über seinen eigenen Schatten zu springen und ins Tun zu kommen. Das geht am besten, indem du das, wovor du Angst hast, einfach tust. Das klingt jetzt vielleicht albern und ziemlich nichtssagend, da es ja genau das ist, was du eigentlich eh vorhattest. Wäre da nicht diese Angst. Mithilfe der 5-Sekunden-Regel kannst du deine gesamte Willenskraft auf einen Moment bündeln und dich so viel eher dazu überwinden, trotz deiner Angst zu handeln. Zähle hierfür bis 5, versuche all deine anderen Gedanken und Zweifel auszublenden und tu es dann einfach, sobald du die Zahl 5 erreicht hast. 1. 2. 3. 4. 5. Und go.

Vertraue auf deine Spontanität. Auch Spontanität, das spontane Handeln, ist wie ein Muskel, der durch Training immer besser wird. Je öfter du dich ohne viel zu Überlegen in unberechenbare Situationen begibst, desto mehr nimmt die Angst vor der Ungewissheit ab. So verhinderst du, dass du Situationen so lange in deinem Kopf durchgehst und dich immer weiter und tiefer in deine eigene Angst hineinsteigerst – bis es dir am Ende nicht mehr gelingt, zu handeln.

Wie solltest du vorgehen, um deine Angst in einer bestimmten Situation zu bewältigen? Fassen wir die vier Schritte noch einmal zusammen. Zuerst: tief durchatmen und sich entspannen. Einatmen. Luft anhalten. Ausatmen. Das beruhigt dich und sorgt schon einmal für eine gute Ausgangsposition. Schritt 2: Körperhaltung. Power Pose. Richte dich auf, mach dich groß, zeig dich, nimm Raum für dich ein – keine Sorge, den Raum nimmst du niemand anderem weg. Du fühlst dich direkt sicherer und selbstbewusster. Schritt 3: Überleg dir, wie ein selbstbewusster Mensch in deiner Situation agieren würde – und agiere dann genauso. Überwinde deine Angst, indem du im vierten und letzten Schritt kurz bis 5 zählst und dann ohne viel nachzudenken handelst.

Anhand zweier Beispiele möchte ich noch kurz verdeutlichen, wie diese Methode in der Praxis aussehen kann, damit du eine bessere Idee davon bekommst, wie du sie selbst für dich anwenden kannst.

Nehmen wir an, du wirst in Kürze eine wichtige Präsentation halten, bei der es um viel geht. Da du ohnehin nicht so der Typ Mensch bist, der gerne vor einer größeren Gruppe Menschen spricht, überkommt dich ein Gefühl von Nervosität und Angst, und die letzten Minuten vor deinem großen Auftritt sind kaum auszuhalten. Du fühlst dich wie gelähmt und weißt nicht, wie du es in Kürze schaffen sollst, deine Präsentation zu halten. Doch dann erinnerst du dich daran, dass du einmal dieses Buch gelesen hast, in dem von der 4-Schritt-Methode zur Bewältigung von Druck- und Angstsituationen die Rede war. Zu deinem großen Glück sind dir die vier

Schritte im Gedächtnis geblieben und du versuchst, die Situation mithilfe dieser Schritte zu retten. Du atmest ein. Du hältst die Luft an. Du atmest wieder aus. Und nochmals von vorne. Deine gesamte Aufmerksamkeit versuchst du hierbei so gut wie nur irgendwie möglich auf deinen Atem zu richten, um die Angst für einen kurzen Augenblick auszublenden. Dein Puls wird langsamer. Du merkst, wie sich ein Gefühl der Entspannung in dir ausbreitet. Die Ankündigung deiner Rede befördert dich zurück in die Realität. Die Angst ist wieder da. Du stehst auf und gehst nach vorne. Dort erinnerst du dich an Schritt 2 und nimmst eine aufrechte Körperhaltung ein. Rücken gerade. Brust raus. Hände in die Hüften. Power Pose. Auf dein Publikum machst du so schon einmal einen soliden, selbstbewussten Eindruck – eine gute Ausgangsposition für deine Präsentation. Schritt 3: Wie würde ein selbstbewusster Mensch jetzt handeln? Du kommst zu dem Schluss, dass sich ein selbstbewusster Mensch wohl freuen würde, endlich vor dem Publikum sprechen zu dürfen. Diese Freude zeigt sich in einem kurzen Lächeln, ehe er seine Präsentation mit einer höflichen Begrüßung startet. Das kannst du auch, denkst du dir. Du setzt ein leichtes Lächeln auf und nutzt gleich diese Zeit, um in Gedanken mit dem Zählen zu beginnen. 1. 2. 3. 4. 5. „Meine sehr geehrten Damen und Herren, …" Geschafft. Beim Publikum hast du einen selbstsicheren und kompetenten Eindruck hinterlassen, während du selbst in Wahrheit mit deiner Angst zu kämpfen hattest. Durch die 4-Schritt-Methode ist es dir aber gelungen, diese Angst zu bewältigen und eine hervorragende Präsentation zu halten.

Beispiel 2: Stell dir vor, du bist auf einer Party und möchtest jemand Fremdes ansprechend. Sofort ist die Angst da. So viel könnte schiefgehen. Was wäre, wenn sie oder er so gar keine Lust auf ein Gespräch mit mir hat und mich eiskalt abweist? Um dich nicht in deiner Angst zu verlieren, wendest du die 4-7-8-Atemtechnik an. Du kommst runter und entspannst dich. Anschließend nimmst du die Power Pose ein, um dich sicherer und selbstbewusster zu fühlen. In Gedanken gehst du kurz durch, was ein selbstbewusster Mensch jetzt tun würde. Jemand Selbstbewusstes hätte wohl kaum Angst vor dem Worst-Case-Szenario und würde selbst eine harte Abfuhr nicht an sein Selbstwertgefühl heranlassen. Also: du zählst bis 5, gehst los und sprichst die Person an. Geschafft.

9.3.2 Wie du mit negativen Reaktionen und Abweisungen umgehen kannst

Um auf letzteres Beispiel nochmals zurückzukommen: Was wäre, wenn tatsächlich das Worst-Case-Szenario eingetreten wäre? Was wäre, wenn die Belohnung für deinen Mut nichts als eine Abweisung gewesen wäre? Wie du mit negativen Reaktionen und Abweisungen richtig umgehen kannst, werde ich dir in diesem Kapitel näherbringen.

Zunächst ist es wichtig zu verstehen, dass Abweisung etwas völlig Normales ist. Jeder Mensch sieht sich früher oder später, mal öfter, mal seltener, mit negativen Reaktionen und Abweisungen konfrontiert. Du bist also keinesfalls allein damit. Nichtsdestotrotz tut es weh, abgewiesen zu werden. Auch das ist ganz normal. Du musst lernen, diese zwei Punkte zu akzeptieren. Es geht nicht darum, negativen Reaktionen und Abweisungen aus dem Weg zu gehen, sondern darum zu lernen, wie man mit diesen umgehen kann. Selbst die erfolgreichsten Personen müssen sich regelmäßig mit negativen Reaktionen auseinandersetzen. Du brauchst nur einen Blick auf wichtige Politiker oder Unternehmer wie beispielsweise Facebook-Gründer Mark Zuckerberg zu werfen. Dieser musste vor dem US-Senat einer regelrechten Flut an Abweisungen und Negativität standhalten. Wobei ich an dieser Stelle nicht werten und es in diesem Fall für gut oder schlecht befinden möchte. Was ich sagen möchte ist, dass du als Teil der Gesellschaft Abweisungen nicht vermeiden kannst. Weder durch Erfolg noch durch sonst irgendetwas.

Des Weiteren haben wir alle Angst vor negativen Reaktionen. Auch in der Hinsicht musst du lernen, dich mit dieser Angst auseinanderzusetzen, anstatt dich vor ihr zu verstecken – was in der Realität nämlich sowieso nicht funktionieren würde.

Aber was ist es, das eine Ablehnung, Abweisung und negative Reaktionen so schlimm macht? Um das zu verstehen, müssen wir uns in der evolutionären Geschichte der Menschheit ein ganzes Stück weit in die Vergangenheit begeben, als die Menschen noch in kleinen Sippen zusammenlebten. Soziale Abweisung in Form eines absoluten Ausschlusses aus der Gemeinschaft war zu jener Zeit mit einem Todesurteil gleichzusetzen – ohne den Schutz und die Hilfe der Sippe war man nicht überlebensfähig. Stell dir vor, dir würde von heute auf morgen jeglicher Zugang zur menschlichen Zivilisation verwehrt bleiben. Du müsstest allein irgendwo in den Weiten der Wildnis ausharren. Keine schöne Vorstellung – und je nach deiner körperlichen Verfassung und deinen Survival-Kenntnissen würdest du dort nur wenige Tage bis Wochen überleben. Soziale Ablehnung ist heutzutage natürlich nicht mehr mit einem Todesurteil verbunden. Wenn du jemanden ansprichst und abgewiesen wirst, bringt dich das nicht um. Was aber geblieben ist, ist die psychische Belastung. Der emotionale Schmerz. Es ist nicht schön, abgewiesen zu werden. Wir alle wollen dazu gehören, wir alle haben ein Bedürfnis nach Gemeinschaft und Anerkennung.

Im nächsten Schritt ist es wichtig, zu verstehen, dass Ablehnung in den allermeisten Fällen nichts mit dir persönlich zu tun hat. Die andere Person bzw. die anderen Personen kennen dich vielleicht gar nicht richtig, insbesondere dann, wenn es sich um fremde Personen handelt. Die können dich ja gar nicht wirklich kennen. Oder sie sind vielleicht selbst einfach gerade gestresst oder haben ihre eigenen Probleme und Erfahrungen. Wenn du nach alternativen Gründen suchst, weshalb jemand dir gegenüber abweisend war, so wirst du diese finden. Denn wie gesagt – in den allermeisten Fällen liegt es nicht an dir. Darüber hinaus ist es ungemein wichtig zu verstehen, dass niemals du in deiner Gesamtheit abgelehnt wirst, sondern lediglich der Eindruck, den du an einem bestimmten Ort und zu einer bestimmten Zeit auf dein Gegenüber machst.

Deshalb solltest du Abweisungen auch nie an dein Selbstwertgefühl oder Selbstbewusstsein heranlassen. Dein Selbstwertgefühl kann wie eine Art Schutzhülle wirken. Je mehr du davon hast, desto leichter fällt es dir, mit negativen Reaktionen umzugehen. Du entwickelst eine Resilienz. An diesem Schutzschild prallen dann sämtliche Abweisungen ab und sie haben keine Chance, diese äußere Hülle zu durchdringen. Um sich solch eine Schutzhülle aufzubauen, bedarf es unter anderem negativer Erfahrungen. So wie wir aus Fehlern oft am besten lernen, stärkt Abweisung unseren Charakter. Wenn du nie auf Ablehnung stößt, hast du gar nicht die Chance, zu lernen damit umzugehen – was uns zurück zum Reframing bringt. Aus dieser Perspektive erscheint Ablehnung gar nicht so schrecklich. Ablehnung ist auch eine Chance, um zu wachsen. Du kannst dich dazu entscheiden, das Positive zu sehen und diese Chance zu ergreifen. Ablehnung ist wichtig, um einen gefestigten Charakter und eine starke Persönlichkeit zu entwickeln. Wenn du dir klarmachst, dass Abweisung nicht nur schlechte Aspekte mit sich bringt, nimmt dir das zu einem gewissen Teil auch die Angst vor der Abweisung.

Du solltest das Gefühl von Ablehnung folglich nicht unterdrücken, sondern zulassen, dich jedoch auf das Positive an dieser Ablehnung fokussieren. Je öfter du abgewiesen wirst, desto besser wirst du in Zukunft mit ähnlichen Situationen umgehen können. Stell dir beispielsweise einen Verkäufer vor, der im Callcenter per Telefon der Reihe nach Fremde Personen cold callt – also anruft, ohne dass jene im Vorhinein in irgendeiner Art ihr Interesse gezeigt hätten – um ihnen irgendetwas zu verkaufen. Die ersten paar Male wird jede einzelne Abweisung wahrscheinlich persönlich genommen und wehtun, mit der Zeit aber wird es ihm mehr und mehr egal werden.

Wenn du dich eher auf die Handlung als auf die Reaktion konzentrierst, so kannst du selbst eine schmerzhafte Ablehnung zum Erfolgserlebnis für dich selbst machen. Du kannst stolz auf dich sein, den entsprechenden Schritt gemacht zu haben – zum Beispiel eine fremde Person angesprochen zu haben – und dich für deinen Mut loben. Außerdem können dich andere immer nur dann verletzen oder dein Selbstwertgefühl angreifen, wenn du das zulässt. Du selbst hast in der Hand, wie du mit negativen Reaktionen umgehst. Lässt du sie ins Leere laufen oder lässt du dich von ihnen treffen? Niemand kann dir etwas anhaben, wenn du dich dafür entscheidest, alles an deinem äußeren Schutzschild abprallen zulassen.

Diese Fähigkeit zu erlernen und einzusetzen, ist natürlich alles andere als leicht und mit viel mentaler Kraft verbunden. Aus diesem Grund ist es ratsam, dich so weit wie möglich nicht mit toxischen Personen zu umgeben. Egal ob in einer Beziehung, unter Freunden oder Arbeitskollegen. Denn jene ziehen dich runter und kosten dich unnötig Energie. Du hast in der Hand, wer Teil deines Lebens sein soll oder nicht. Es ist deine Entscheidung. Dabei solltest du berücksichtigen, dass dich dein Umfeld niemals daran hindern sollte, zu einem selbstbewussten Menschen zu werden und deine Ziele zu erreichen.

"It took most people a lifetime to join the human race."

Hortense Calisher

9.4 Soziales Selbstbewusstsein – Nie wieder unsicher in sozialen Situationen!

In diesem Kapitel werde ich dir praktische Tipps geben, wie du Selbstbewusstsein für sämtliche soziale Situationen aufbauen kannst. Besonders dann, wenn du Angst davor hast, im Mittelpunkt zu stehen, neue Leute kennenzulernen oder schüchtern, introvertiert, aufgeregt und hektisch bist, wenn du mit fremden Leuten zu tun hast, wirst du aus diesem Kapitel viel mitnehmen können. Um solche Eigenschaften zu überwinden, ist es wichtig, „social" zu werden – zu einem sozialen Menschen zu werden, der viel Kontakt mit vielen anderen Menschen hat. So kannst du ein Basislevel an sozialem Momentum aufbauen, was dir die weiteren Schritte deutlich erleichtert.

9.4.1 Werde „social"

Um dir solch ein Momentum zu verschaffen, versuche wann immer möglich, Smalltalk zu führen und mit Menschen in Kontakt zu kommen. Im Idealfall sprichst du jeden Tag neue Leute an. Aber wie kann das gelingen? Wenn du dein Umfeld so gestaltest, dass dein Alltag sowieso Kontakt zu vielen Menschen beinhaltet, erleichterst du dir diesen Prozess – tritt einem Sportverein oder einer anderen Gruppe gleichgesinnter Menschen bei oder engagiere dich in einer gemeinnützigen Organisation. Gehe in Cafés, Restaurants, Bars, Clubs, auf Partys und andere Events oder mach Teamsport. Es geht darum, dass du viel unter Leuten bist. Dadurch bist du nämlich gezwungenermaßen im ständigen Austausch mit anderen. Nehmen wir an, du arbeitest ausschließlich im Homeoffice. Somit hast du, was deine Arbeit betrifft, schon mal wenige bis keine sozialen Interaktionen. Wenn du darüber hinaus nicht besonders extrovertiert bist oder es dir schlicht und einfach am nötigen Selbstbewusstsein oder dem richtigen Freundeskreis fehlt, kann es schnell passieren, dass du kaum soziale Kontakte hast. Jede einzelne soziale Interaktion mit Fremden stellt dann eine „Besonderheit" für dich dar. Weil es die Ausnahme ist. Infolgedessen kommen Gefühle wie Nervosität, Aufgeregtheit und Selbstzweifel auf. Dein Gehirn merkt, da passiert jetzt etwas, das nicht alltäglich ist. Wenn du aber regelmäßig Orte aufsuchst, an denen du von anderen Menschen umgeben bist, wirst du viel eher und viel öfter mit anderen ins Gespräch kommen – und je öfter das passiert, desto mehr Momentum baust du dir auf und desto leichter fällt es dir, soziale Situationen zu bewältigen. Wenn du den Stein erst einmal ins Rollen gebracht hast, wirst du merken, wie du hier auf eine Party eingeladen wirst, dort zu einer gemeinsamen Unternehmung und so weiter. All das wird sich mit der Zeit immer normaler anfühlen. Deine Angst und Nervosität nehmen ab und du erreichst ein Level an Selbstsicherheit, welches es dir ermöglicht, ganz locker mit anderen ins Gespräch zu kommen. Soziale Interaktion, auch mit fremden Personen oder in ungewohnten Konstellationen, wird dir keine Sorgen mehr bereiten. Stattdessen kannst du dich mit ausreichend sozialem Selbstbewusstsein voll und ganz auf die schönen Aspekte in den entsprechenden Situationen fokussieren.

Also: Entscheide dich, Kommunikation und sozialer Interaktion einen hohen Stellenwert in deinem Leben zu geben und ein sozialer Mensch zu sein bzw. zu werden. Damit dir das gelingt, ist es wichtig, deinen Alltag dementsprechend zu gestalten und Chancen zu ergreifen. Frag beispielsweise die Kassiererin an der Supermarktkasse, wie ihr heutiger Tag läuft, gib Personen, die neben dir in der Schlange stehen, ein kurzes Kompliment oder mach Kommentare zum Wetter. Der Inhalt ist in der Hinsicht sowieso eher zweitrangig. Viel wichtiger ist, dass du überhaupt mit anderen ins Gespräch kommst, auch wenn es nur ganz kurz ist. Anstatt im Restaurant sofort deine Bestellung abzugeben, frag den Kellner, was er dir empfehlen würde, oder erkundige dich bei den Gästen am Nebentisch nach dem WLAN-Passwort. Auch soziales Selbstbewusstsein ist wie ein Muskel, der trainiert werden muss und sich im Ruhezustand rückbildet. Wenn du dir aber einmal ein gewisses Momentum aufgebaut hast, wirst du vermutlich sowieso nicht mehr damit aufhören wollen. Also: Raus in die Welt. Dort warten so viele interessante Menschen und Erfahrungen auf dich, die es wert sind, sie kennenzulernen.

9.4.2 Der erste Eindruck

Der erste Eindruck ist ungemein wichtig. Wann immer wir jemand Neues treffen, machen wir uns innerhalb von Sekunden ein Bild von dieser Person – wann immer du also eine fremde Person ansprichst, macht sich die- oder derjenige auch ein Bild von dir. Da ich dir soeben empfohlen habe, mit möglichst vielen Leuten ins Gespräch zu kommen, wollen wir folglich dafür sorgen, dass du bei denjenigen einen guten ersten Eindruck machst.

Als Erstes steht Augenkontakt auf dem Programm. Versuche Augenkontakt aufzubauen, bevor du jemanden ansprichst. Lass dein Gegenüber wissen, dass du da bist. Wenn du nämlich von der Seite oder von hinten auf jemanden zukommst und ein Gespräch beginnen willst, ohne dass dich die andere Person zuvor wahrgenommen hat, erschreckt sie oder er vielleicht – kein guter erster Eindruck. Durch Augenkontakt kannst du dein Gegenüber außerdem schon ein klein wenig einschätzen, da unsere Körpersprache, in dem Fall vor allem die Mimik, widerspiegelt, wie wir uns im Moment fühlen. Du kannst also schon bis zu einem gewissen Grad einschätzen, mit welcher Art von Reaktion du rechnen kannst. Augenkontakt herzustellen und zu halten, ist oft gar nicht so einfach wie es klingt. Man kann Augenkontakt aber trainieren. Je öfter du mit jemandem Augenkontakt aufbaust, desto leichter wird es dir in Zukunft fallen. Egal wo du dich gerade befindest, wenn du das Gefühl hast, jemandem in die Augen schauen zu können, ohne dass sich dein Gegenüber unwohl fühlt, so versuche es einfach mal und schau, wie lange du den Augenkontakt halten kannst. Ein guter Augenkontakt ist wichtig, allerdings solltest du diesen ab und zu auch mal unterbrechen. Das nimmt den Druck aus der Situation. Schaue 10-20 % der Zeit daher auch mal woanders hin.

Der nächste Schritt ist es, ein leichtes Lächeln aufzusetzen. Nicht übertrieben, aber doch wahrnehmbar und authentisch. Dadurch strahlst du Freundlichkeit und zugleich Selbstsicherheit aus. Dann kannst du auch schon auf die andere Person zugehen und sie ansprechen. Wichtig dabei ist, dass deine Körpersprache stimmt. Also: Power Pose und anschließend entspannen, um nicht verkrampft zu wirken. Bezüglich der Stimme solltest du laut und deutlich sprechen, aber auch hier bitte wieder nicht übertreiben, um nicht abschreckend oder gar furchteinflößend zu wirken. Eine gewisse Präsenz und Kraft in der Stimme sind aber, vor allem was die ersten Worte angeht, notwendig, um die Aufmerksamkeit auf dich zu ziehen. Außerdem signalisierst du so, dass du dich nicht zu verstecken brauchst und überzeugt bist von dem, was du sagst.

9.4.3 Mit Leuten ins Gespräch kommen

Der erste Eindruck sitzt. Aber was soll ich überhaupt sagen? Wie kann ich mit anderen ins Gespräch kommen, ohne dass es seltsam wird? Im Großen und Ganzen hast du dafür drei Möglichkeiten:

Erstens: Stelle simple Fragen. Auch wenn heutzutage das Internet im Normalfall Ansprechpartner Nummer Eins bei sämtlichen Unklarheiten ist, ist es keinesfalls verwerflich, deinen Mitmenschen eine kurze Frage zu stellen. „Wo ist das Café xyz?" „Wie weit ist es bis zum Bahnhof?" „Wo finde ich den Bahnhof?" „Wie lautet das WLAN-Passwort?" „Wo finde ich hier die Toiletten?" „Was trinkst du da?" „Bist du oft hier?" „Warst du schon einmal hier?" „Was muss man in xyz unbedingt gesehen haben?" „Was kannst du mir empfehlen?" Sei kreativ – wichtig ist nur, dass die Frage zur

Situation passt und nicht völlig aus dem Kontext gerissen ist. Wobei man selbst dann mit dem richtigen Auftreten viel kompensieren kann.

Zweitens: Mach jemandem ein Kompliment. Ein kurzes Kompliment ist eine einfache Möglichkeit, jemandem eine Freude zu machen. Das sorgt für eine positive Grundstimmung. Bleib dabei aber ehrlich, um authentisch rüberzukommen. „Ich mag deinen Musikgeschmack!" „Deine Präsentation wirkte echt professionell!" „Gute Wahl bei der Auswahl des Getränks!" „Cooles Tattoo!" Hier gilt: Weniger ist oft mehr. Besonders dann, wenn du die Person nicht kennst, solltest du nicht übertreiben, um keine persönlichen Grenzen zu verletzen. Ansonsten sind Komplimente eine bestens geeignete Methode, um ins Gespräch zu kommen.

Drittens: Bitte um Hilfe. Anstatt eine Frage zu stellen, kannst du auch einfach direkt um einen kleinen Gefallen bitten. Wie zum Beispiel: „Könntest du mir kurz mit den Gewichten helfen?" „Kannst du mir xyz kurz erklären?" „Kannst du mir irgendeine Empfehlung bezüglich xyz geben?"

Nachdem der erste Schritt getan ist – du hast einen super ersten Eindruck gemacht und die ersten Worte sind gefallen – wäre es schade, wenn darauf nur peinliche Stille oder ein Fragen-Hagel folgen würden. Um das zu verhindern, hier ein paar Tipps, wie du ganz einfach in einen natürlichen Smalltalk kommst:

Egal ob du mit einer Frage, einem Kompliment, einer Bitte oder auf eine andere Art und Weise ins Gespräch gekommen bist, das Eis ist gebrochen. Da dein Gegenüber aber keine Zeit hatte, um sich auf die Situation vorzubereiten und womöglich selbst etwas überrascht ist, kann es schnell zu unangenehmer Stille kommen. Auf der anderen Seite möchtest du dein Gegenüber aber auch nicht mit einer Frage nach der anderen konfrontieren. Immerhin soll es ja ein Gespräch und keine Befragung werden. Ja, Fragen sind wichtig. Sie sind es, die ein Gespräch am Laufen halten, da sie eine Reaktion erfordern. Wer eine Frage stellt, erwartet eine Antwort. Und wer eine Frage gestellt bekommt, möchte jener mit einer Antwort nachkommen. Damit sich aber ein organisches Gespräch entwickeln kann, ist es super wichtig, dass du im Anschluss an deine ersten Worte bzw. die Reaktion deines Gegenübers einfach ein, zwei Sätze erzählst. Je nach Kontext kannst du anschließend eine (weitere) Frage stellen oder dich direkt vorstellen – auf einer Party wäre das beispielsweise eine angebrachte Option.

Das könnte dann in etwa so ablaufen:

„Hey, was trinkst du da?"

„Das ist ein Mojito, der schmeckt echt gut!"

„Ach ok, ich habe letztes Mal hier den Moscow Mule getrunken. Der ist auch richtig lecker. Bist du das erste Mal hier?"

Im Fitnessstudio könnte sich ein Gespräch folgendermaßen gestalten:

„Entschuldige, kannst du mich kurz mal mit den Gewichten unterstützen?"

„Ja klar, ich helfe dir."

„Vielen Dank. Ich wollte mal schauen, ob ich das Gewicht schaffe, aber bin mir da nicht ganz so sicher. Hi, ich bin übrigens Tim."

Noch ein Beispiel:

„Entschuldige, weißt du wie das WLAN-Passwort ist?"

„Ja klar, es ist xzy."

„Ach, danke dir. Ich bin heute das erste Mal hier. Aber es ist echt ein cooles Café, um zu arbeiten. Kennst du hier in der Gegend noch andere gute Plätze?"

Die Reaktion deines Gegenübers wird anfangs meist etwas kürzer ausfallen. Das ist ganz normal. Lass dich davon nicht abschrecken. Immerhin hat die andere Person keine Ahnung, wer du bist und reagiert zunächst etwas vorsichtig. Ein guter erster Eindruck kann dem entgegenwirken. Wenn du anschließend aber – so wie in den Beispielen – ein, zwei zur Situation passende Sätze einbringst, lockerst du die Stimmung direkt auf und sorgst dafür, dass dich dein Gegenüber nochmals besser einschätzen kann.

9.4.4 Smalltalk-Basics – Wie dir nie die Worte ausgehen

Die meisten Menschen haben Angst davor, nicht mehr zu wissen, was sie als Nächstes sagen sollen. Die berühmt-berüchtigte Stille. Schweigen. Diese Angst ist es auch, die die meisten daran hindert, social zu werden und mit Menschen ins Gespräch zu kommen. Dabei ist es gar nicht so schwer, diese Stille zu vermeiden. Wenn du dir die folgenden Punkte zu Herzen nimmst, wirst du immer etwas zu sagen haben und Gespräche gekonnt am Laufen halten:

Damit eine flüssige Konversation entsteht, solltest du das Thema deines Gegenübers immer aufgreifen und deine nächste Frage dementsprechend anpassen. Oder aber du bringst selbst eine zum Thema passende Geschichte aus deinem Leben mit ein. Das hält das Gespräch nicht nur am Laufen, sondern zeigt zudem, dass du etwas zu sagen hast und interessant bist – du hast etwas Sinnvolles beizutragen. Alternativ kannst du auch einfach einen kurzen, wertenden Kommentar abgeben wie: „Das klingt echt interessant." „Ach, wie cool." Oder: „Das klingt aber traurig, tut mir leid für dich."

In der Praxis könnte sich das dann folgendermaßen gestalten:

„Hast du dieses Jahr einen Urlaub geplant?"

„Ja, ich wollte mit meiner Frau im Oktober nach Italien fliegen."

„Ach wie schön, ich war damals mal ein Wochenende in Rom und in Italien gibt es echt die leckersten Pizzen der Welt. Ist es dein erstes Mal in Italien?"

„Ja genau, es ist mein erstes Mal. Ich bin schon gespannt, was uns erwarten wird."

„Das darfst du auch sein! Ich bin mir sicher, es wird dir gefallen. Ich kann dir nur empfehlen, mal richtig guten italienischen Wein zu genießen. Ein gutes Glas Wein, abends in einem schönen Restaurant. Vielleicht noch mit Ausblick auf das Meer oder die Stadt. Apropos Meer – wo genau geht es denn für euch hin?"

„Wir haben uns dazu entschieden, nach Mailand zu fliegen und dort ein Auto zu mieten. Über Florenz geht es dann mit dem Mietwagen bis nach Rom, von wo aus wir zurückfliegen werden."

„Ach, wie cool. So ein richtiger Roadtrip also durch das schöne Italien. Roadtrips haben ja einen ganz besonderen Platz in meinem Herzen. Früher packte ich oft meine Sachen, setzte mich hinters Lenkrad meines alten Autos und fuhr übers Wochenende einfach mal weg."

...

Die drei Techniken, um eine Konversation am Laufen zu halten sind also: Eine Frage stellen, deine Erfahrung zu dem Thema mit einbringen – vielleicht eine kurze Story aus deinem eigenen Leben erzählen – sowie einen wertenden Kommentar abgeben. Dabei solltest du anfangs darauf achten, keine zu emotionalen oder tiefgehenden Themen anzusprechen, um deinem Gegenüber nicht zu nahe zu treten. Anstatt über Politik, Religion oder zu Intimes zu sprechen, bleib anfangs lieber beim Alltäglichen wie dem Wetter, Fußball oder einem aktuellen Ereignis aus den Medien. Am besten eignen sich aber meistens ohnehin Dinge, die zur Situation passen. Wenn du also beispielsweise im Club an der Bar stehst, macht es mehr Sinn, über die Location oder die Getränkekarte zu sprechen, als über das Wetter, von dem man im Inneren des Clubs sowieso nichts mitbekommt.

Des Weiteren ist es wichtig, darauf zu achten, wer wie viel Anteil an dem Gespräch hat. Im Idealfall ist dieser natürlich ausgeglichen und ihr stellt euch abwechselnd Fragen. Besonders am Anfang kann es aber etwas dauern, bis die Konversation so richtig ins Rollen kommt. Dann musst du die Führung übernehmen und etwas aktiver sein. Dabei solltest du jedoch unbedingt vermeiden, dass du die andere Person gar nicht zu Wort kommen lässt. Wenn dein Gegenüber das Gefühl hat, es sei dir völlig egal, mit wem du dich eigentlich unterhältst und es ginge dir nur darum, möglichst viel über dich zu erzählen, so macht das keinen guten Eindruck und wirkt eher abschreckend.

9.4.5 Gesprächspausen und wie du die Angst vor ebendiesen überwinden kannst

Gesprächspausen sind etwas ganz Normales. Ebenso wie die Angst vor ihnen. Um diese Angst zu verlieren, ist es wichtig, sich in Smalltalk zu üben. Wenn du regelmäßig mit Leuten Smalltalk führst, wird es hin und wieder zu Gesprächspausen kommen. Lass dich davon aber nicht abschrecken, sondern versuche, das Positive daran zu sehen und zu lernen – Reframing. So unangenehm es manchmal auch sein mag, wenn es passiert, dass du nichts zu sagen weißt und auch dein Gegenüber still bleibt – mein persönlicher Tipp wäre, in Gedanken jetzt schon mal das Worst-Case-Szenario durchzuspielen. Es ist nämlich gar nicht so schlimm, wie du vielleicht denkst. Außerdem musst du bedenken, dass an der Situation immer zwei beteiligt sind – dein Gesprächspartner ist auch Teil des Geschehens und fühlt sich höchstwahrscheinlich genauso unwohl wie du.

Versuche dich einfach zu entspannen und eine der drei folgenden Techniken anzuwenden:

Erstens: Mach einen Kommentar wie: „Heute ist ja echt schlechtes Wetter.“ „Ich bin mal gespannt, wie das Buffet aussieht.“ Oder: „Die Musik hatte ich schlechter in Erinnerung.”

Oder zweitens: Teile deine Erfahrung zu einem Thema: „Früher war ich ja öfter hier, aber das ist mittlerweile auch schon wieder eine ganze Zeit her.”

Oder drittens: Stell einfach eine Frage, um das Gespräch wieder ins Laufen zu bringen.

Ansonsten hast du natürlich auch immer die Möglichkeit, das Gespräch kurz zu unterbrechen. Weise dein Gegenüber darauf hin und verabschiede dich mit den Worten „Ich hol mir noch etwas zu trinken an der Bar“, „Ich geh kurz mal auf die Toilette“ oder „Ich geh kurz zum Buffet“. Je nach Lust und Laune kannst du das Gespräch anschließend wieder fortführen. Vielleicht klappt es dann wieder besser. Mach dir selbst aber keinen Druck. Wenn du merkst, ihr kommt irgendwie nicht so recht zusammen und langweilt euch nur gegenseitig, ist es absolut nicht verwerflich, sich zu verabschieden und es bei einer kurzen Unterhaltung zu belassen.

9.4.6 Trainiere Spontanität

Den Leitfaden für Smalltalk, alle Methoden und Tipps, die ich dir in diesem Kapitel nähergebracht habe, solltest du lediglich als Hilfestellung betrachten. Im Endeffekt gibt es keine Anleitung für den perfekten Smalltalk. Der Leitfaden ist mehr als Anfangshilfe zu verstehen, um dir den Einstieg zu erleichtern. Mit der Zeit solltest du versuchen, – oft passiert das dann sowieso ganz von allein – weg davon zu kommen, aktiv über die Situation nachzudenken, sondern einfach auf deine Spontanität und Intuition zu vertrauen. Wirklich erfüllend wird es nämlich erst dann, wenn du nicht mehr groß darüber nachdenken musst, wie du was tun sollst, um das Gespräch am Laufen zu halten. Genieß einfach den Moment und lass es auf dich zukommen. Je öfter dir das gelingt, desto besser wirst du in Sachen Spontanität. Du wirst schlagfertiger, kreativer, offener und selbstsicherer. Deshalb ist es auch so wichtig, dass du dich täglich in soziale Situationen begibst. Je mehr Referenzerfahrungen du sammelst, desto einfacher wird es und desto mehr Spaß hast du an der ganzen Sache – also: nichts wie raus in die Welt. Werde aktiv, werde social!

9.4.7 „Social" sein auf Events, Partys und anderen Veranstaltungen

Vielleicht kennst du folgende Situation: Du bist auf einer Party oder einem anderen Event. Ein paar deiner Freunde sind mit dabei, du hast dir aber fest vorgenommen, dieses Mal neue Leute kennenzulernen und dich nicht zurückzuziehen oder nur auf deine bereits vorhandene Freundesgruppe zu konzentrieren. Aus diesem Plan wurde nichts, zu groß sind deine Sorgen und Zweifel. Was, wenn ich ihn oder sie anspreche und nichts als Abweisung erfahre? Im Endeffekt hättest du mit deinen Freunden genauso gut zu Hause feiern können. Denn zwischen dir und den anderen scheint so etwas wie eine unsichtbare Barriere zu existieren. Ihr seid zwar auf derselben Veranstaltung oder auf derselben Party, aber irgendwie lebst du dann doch wieder in deiner eigenen Welt. Am Ende bist du enttäuscht von dir selbst, bist demotiviert für die Zukunft und kannst dir nicht denken, wie du es jemals schaffen sollst, auf Partys oder anderen Events sozial aktiv zu sein.

Eins kann ich dir versichern: Wenn dir jenes Beispiel bekannt vorkommt, so geht es dir wie unzähligen anderen. Nervosität und Unsicherheit sind etwas ganz Normales, besonders anfangs und besonders für den Fall, dass du nur sehr wenige Leute auf dem Event kennst. Gerade so eine Situation würde ich aber als große Chance betrachten. Ohne deine Freunde schlecht machen zu wollen, wäre es doch langweilig, den gesamten Abend bzw. die gesamte Nacht über immer mit denselben zwei Leuten zu reden, die du darüber hinaus vielleicht ohnehin regelmäßig triffst und seit Jahren kennst. Da macht es doch viel mehr Spaß, mit anderen ins Gespräch zu kommen und auch mal neue Leute kennenzulernen. Das große Geheimnis, wie dir das gelingen kann: Momentum aufbauen. Ich sage immer, die Party beginnt eigentlich schon lange vor der Party. Was das genau heißt, werde ich dir in Kürze erklären. Du kannst das hier als Leitfaden betrachten, um proaktiv in einen social Mood – in die richtige Stimmung – zu kommen.

Proaktiv ist hier ein ganz essenzieller Punkt. Denn darauf zu warten, dass du auf magische Art und Weise von allein in die richtige Stimmung kommst und auf einmal zum sozial aktivsten Menschen auf dem ganzen Event wirst, ist vollkommen ausgeschlossen. Ganz im Gegenteil. Du musst dich selbst und aktiv in die richtige Stimmung bringen. Du musst handeln. Je länger du damit wartest, je später es wird, desto schwieriger wird es, diesen Schritt zu schaffen. Deshalb mein Tipp: Die Party beginnt schon lange vor der Party. Spätestens ab dem Zeitpunkt, an dem du dich auf den Weg zur Event-Location machst, solltest du das richtige Mindset parat haben. Ruf einen Freund oder eine Freundin an. Hör Musik, die dich dich gut fühlen lässt. Führe Smalltalk mit Leuten, die dir auf deinem Weg begegnen. Auf der Straße. In der U-Bahn. Im Bus. Sprich mit dem Taxifahrer. Oder dem Verkäufer am Kiosk oder der Tankstelle. Sprich die Leute vor und hinter dir in der Schlange an. Sprich mit dem Türsteher. Welchen Menschen du auch immer begegnest, nutze die Chance, um proaktiv auf diese zuzugehen. All jene kurzen Konversationen können dazu beitragen, dass du in den richtigen social Mood kommst – und wenn du die Party mit dieser Stimmung betrittst, hast du schon mal eine viel, viel bessere Ausgangsposition. Jede dieser kleinen Interaktionen zeigt dir, dass du vor den anderen Menschen keine Angst zu haben brauchst. Mit jedem Mal wird es normaler, jemanden anzusprechen. Du zeigst dir selbst, dass alles gut ist, du dich nicht fürchten musst und du dich (zumindest vermeintlich) wohlfühlst. Du hast Momentum aufgebaut. Das ist das große Geheimnis.

Schon im Vorhinein sozial proaktiv zu handeln, um die Party mit der richtigen Einstellung zu betreten.

Dort angekommen, solltest du aber keinesfalls nachlassen, sondern direkt dort weitermachen, wo du zuletzt aufgehört hast. Frag die Mitarbeiterin an der Garderobe, wie der Abend bisher so gelaufen ist. Du kannst sie beispielsweise fragen, ob immer so viele bzw. wenige Leute hier sind. Bitte den Barkeeper um eine Empfehlung bezüglich der Getränkeauswahl. Oder stoß mit der Person rechts neben dir an. Je mehr solcher kleinen, kurzen Konversationen du führst, desto mehr wird die Angst verschwinden. Anfangs würde ich all diese Konversationen auch tatsächlich relativ kurzhalten – im Laufe des Abends kannst du dann immer längere und tiefgründigere Gespräche führen. Hierfür musst du dich aber erst warm machen – indem du wieder und wieder proaktiv auf Leute zugehst.

Sollte dir das aber einfach nicht gelingen, so erinnere dich an die 4-Schritt-Methode und bring diese zur Anwendung. Einatmen, kurz die Luft anhalten, ausatmen. Power Pose. Wie würde ein selbstbewusster Mensch jetzt handeln? Bis fünf zählen – und go. Das Allerwichtigste ist aber wie gesagt, dass du rechtzeitig damit beginnst, Momentum aufzubauen. Schon vor dem eigentlichen Beginn des Events kannst du dein Glück selbst in die Hand nehmen und proaktiv auf Menschen zugehen. So hast du auch viel weniger Zeit, dich auf deine Ängste und Zweifel zu fokussieren. Du hast weniger Zeit nachzudenken. Deinen negativen Gefühlen und Gedanken lässt du so wenig Raum, was es dir viel leichter macht, mit fremden Menschen ins Gespräch zu kommen – und mit jeder Konversation werden deine Ängste und Zweifel weiter abnehmen und es wird sich immer normaler für dich anfühlen. Du fühlst dich wohler und selbstbewusster und kannst den Abend so richtig genießen.

9.4.8 Wie du jede Präsentation meisterst

Das mit den Events wäre also geklärt. Was kannst du aber tun, wenn du Probleme damit hast, eine Präsentation zu halten? Wenn dich bei dem Gedanken, gleich vor einer großen Menge an Menschen sprechen zu müssen, lähmende Nervosität überkommt?

Punkt eins: Meistens ist es gar nicht so wichtig, was du sagst. Viel wichtiger ist, wie du es sagst. Zwei unterschiedliche Menschen könnten dieselbe Präsentation halten – was den Inhalt angeht – und während du dich bei der einen zu Tode langweilst, könnte die andere die beste Präsentation sein, die du je gesehen hast. Aber wie kann das sein? Nun, wir Menschen lassen uns leicht „täuschen". Durch die richtigen Rahmenbedingungen wie Aussehen, Auftreten, Körpersprache, Betonung, Stimmlage, Lautstärke, Sprechtempo und die Gestaltung der Präsentation kann man enorm viel kompensieren. Ein schlechter Inhalt, verpackt in einer außerordentlich professionellen, kreativen Präsentation wird immer besser ankommen als ein guter Inhalt in einer langweiligen Präsentation. Dieses Phänomen können wir auch in der Popkultur beobachten. Viele Filme, die Legendenstatus erreicht haben, sind bei genauerer Betrachtung eigentlich gar nicht so gut wie es scheint. Wenn du sie in ihre Einzelteile zerlegst und die einzelnen Aspekte betrachtest, so wird dir auffallen, dass da vieles eigentlich eher dem unteren Durchschnitt zuzuordnen ist. Erst in ihrer Gesamtheit laufen diese Filme zur Hochform auf und schaffen es so, die vielen einzelnen Schwachstellen zu verstecken. Seien es die besondere Welt, die bunten Farben, die Figuren oder aber auch der Soundtrack – auf verschiedenste Arten gelingt es diesen Filmen, dennoch zu überzeugen. Trotz des mittelmäßigen Inhalts an sich.

Eine durchdachte Präsentation ist allerdings ebenso wichtig. Folglich solltest du dich bestmöglich darauf vorbereiten und die Präsentation üben. Außerdem ist es empfehlenswert, im Vorhinein zu visualisieren. Visualisiere, wie du selbstbewusst vorträgst. Stell dir in Gedanken genau vor, wie du da vorne stehst und eine hervorragende Präsentation abhältst. Wie du selbstbewusst nach vorne gehst und die Leute mit einem freundlichen Lächeln begrüßt. Wie du regelrecht Spaß daran hast, zu präsentieren. Wie das Publikum in völliger Ruhe gebannt deinen Worten lauscht und wie du anschließend Applaus und positives Feedback zu hören bekommst? Verinnerliche dieses Bild fest in deinen Gedanken, damit du genau weißt, was dein Ziel ist und wie du dieses im Moment der Wahrheit erreichst.

Um einen guten Eindruck zu machen und dich wohlzufühlen, ist es notwendig, dass deine Kleidung stimmt und sitzt. Zieh dich schick an, ohne dabei zu übertreiben. Es nützt nichts, wenn du den feinsten Anzug trägst, dich darin aber eher wie im Karnevalskostüm fühlst. Die Leute merken das nämlich. Es ist ungemein wichtig, dass du dich in deiner Kleidung wohlfühlst. Passe jene also sowohl an den Kontext der Präsentation als auch an deine persönlichen Präferenzen an und versuche eine Balance zwischen diesen beiden Aspekten zu finden.

Nächster Punkt: Was tun, wenn dich dieses lästige, lähmende Gefühl der Nervosität überkommt? Schritt eins: Verfalle nicht in Panik. Das wäre das Schlechteste, was du jetzt tun kannst. Akzeptiere deine Nervosität. Diese ist ganz normal und ein gesundes Maß davon ist sogar hilfreich, um deinen Körper und Geist zur vollen Funktionsfähigkeit zu bringen. Du spürst, dass es gleich ernst wird und um etwas geht. Dieses Gefühl initiiert Prozesse in deinem Körper, wie die Ausschüttung von Stresshormonen. Du erreichst deine maximale Konzentrationsfähigkeit, verhinderst so, dass du in Gedanken abschweifst, und stellst sicher, dass du bei der Sache bist. Wenn die Nervosität aber zu stark wird, erinnere dich an die 4-Schritt-Methode und wende die einzelnen Schritte an. Einatmen, Luft anhalten, ausatmen. Entspannen. Aufrechte Körperhaltung. Gerader Rücken. Offene Arme. Brust raus. Power Pose. Überleg dir kurz, wie ein selbstbewusster Mensch handeln würde, zähl bis fünf und versuch dann so gut wie möglich so zu handeln, wie du es dir eben vorgestellt hast.

Bezüglich Körperhaltung noch ein kleiner Geheimtipp: Da die meisten Menschen nicht wissen, was sie mit Händen und Armen anfangen sollen, während sie eine Präsentation halten, ist es hilfreich, einfach einen Stift in die Hand zu nehmen. Gerade dann, wenn du wenig Übung darin hast, deine Worte mit Gesten zu untermalen, kann dieser kleine Trick das Problem ganz einfach umgehen.

Zuletzt ist es natürlich auch wichtig, die Art und Weise, wie du sprichst, zu kontrollieren. Versuche, langsam zu sprechen. Deine Nervosität wird dazu führen, dass du immer schneller und schneller wirst, und es ist notwendig, dass auch dieser Aspekt beachtet wird. Denn wenn du schnell sprichst, wirkst du hektisch und nervös. Selbst wenn das vielleicht deinen momentanen Gefühlszustand in der Situation bestens widerspiegeln würde, wollen wir dem Publikum diesen Einblick in unsere Gefühlswelt nicht gewähren. Im Sinne der Professionalität wollen wir so rüberkommen, als wäre es ein leichtes für uns, unsere Präsentation abzuhalten. Wenn du also langsam, laut und deutlich sprichst, strahlst du Entschlossenheit und Selbstbewusstsein aus. Du zeigst, dass du dich wohlfühlst und kein Problem damit hast, dass jedes deiner Worte gehört wird.

9.4.9 Wie du mit Drucksituationen umgehen kannst

Um das Kapitel des sozialen Selbstbewusstseins abzuschließen, möchte ich noch kurz auf Drucksituationen eingehen. Klar, ein bisschen Smalltalk hier, ein bisschen Smalltalk da ist schön und gut und super hilfreich auf dem Weg zu mehr sozialem Selbstbewusstsein. Ich möchte hiermit auch keineswegs revidieren, was ich dir eben nähergebracht habe. Ganz im Gegenteil – versuche so oft wie möglich, mit Leuten ins Gespräch zu kommen und ein wenig Smalltalk zu führen. Was ich aber sagen will: Gerade dann, wenn du dich in einer Drucksituation wiederfindest – wenn du dich beispielsweise ungerecht behandelt fühlst – ist die Zeit gekommen, um wirklich über dich selbst hinauszuwachsen.

Wenn es dir gelingt, deine Meinung klar und deutlich zu sagen, anderen entschlossen, aber höflich und fair zu widersprechen oder Kritik zu äußern, kannst du noch viel mehr und viel schneller dazulernen, als du es jemals in einer durchschnittlichen Smalltalk-Aktion könntest. Das ist deine Chance, zu wachsen. Lass dir diese Chance also nicht entgehen, sondern nutze sie zu deinem Vorteil. Egal ob du aktiv auf jemanden zugehst, weil du mit irgendetwas nicht einverstanden bist oder dich aufgrund einer verbalen Attacke eines anderen dazu gezwungen siehst, zu reagieren – nimm all deinen Mut zusammen und sprich aus, was du denkst. Dabei solltest du aber nicht ziellos auf Konfrontation setzen, sondern immer einen lösungsorientierten Ansatz verfolgen. Da ich weiß, wie schwer es sein kann, sich in solchen Situationen nicht einfach zurückzuziehen und die Flucht zu ergreifen, möchte ich dir auch hier wieder die Anwendung der 4-Schritt-Methode ans Herz legen. Außerdem solltest du darauf achten, dass die Rahmenbedingungen stimmen. Sprich laut und deutlich und komm zur Sache, ohne viel um den heißen Brei herumzureden. So wirkst du entschlossen, sicher und selbstbewusst und verschaffst dir die notwendige Aufmerksamkeit.

Drucksituationen sind genau die Momente, in denen du den großen Unterschied machen kannst. Es sind jene Momente, in denen du dich nicht zurückziehen, nicht verstecken darfst. Das würde dir nur selbst zeigen, dass du das notwendige Selbstbewusstsein nicht hast. Manches Mal zeigt sich Selbstbewusstsein durch eine bewusste Entscheidung, trotz größtem Druck und Angst zu handeln. Nimm all deinen Mut zusammen und spring über deinen eigenen Schatten. Es sind die Momente, in denen du genau weißt, was du tun musst. Direkt vor dir, zum Greifen nahe, liegt eine Riesenchance. Ein Riesenschritt hinsichtlich Identity-Change. Deine Möglichkeit, die Kluft auf einen Schlag ein ganzes Stück weit zu verkleinern und deinem Ziel näherzukommen. Alles, was zwischen dir und dieser Chance liegt, alles, was dich davon abhalten möchte, diese Chance wahrzunehmen, sind deine eigenen Gedanken. Deine Gedanken, die dich zweifeln lassen und dir weismachen wollen, du seist der Situation nicht gewachsen. Da ist keine reale Gefahr, das Bild der Gefahr entsteht nur in deinen Gedanken. Wenn du dir darüber im Klaren bist, kannst du deine eigenen Ängste überwinden und trotz all der Belastung, die du im Moment empfindest, die richtige Handlung tätigen.

"All life is an experiment. The more experiments you make the better."

Ralph Waldo Emerson

9.5 Weitere Tools für deinen Werkzeugkasten

Nachdem wir uns bereits zahlreiche verschiedene Methoden angesehen haben, die du dir auf deinem Weg zu mehr Selbstbewusstsein zunutze machen kannst, möchte ich dir in diesem Kapitel noch ein paar allgemeinere Tipps – ein paar weitere Tools – näherbringen.

9.5.1 Fühle dich wohl in deiner Haut

Um Selbstbewusstsein zu erlangen, ist es unabdingbar, dass du dich in deiner eigenen Haut wohlfühlst und dich so akzeptierst, wie du bist. Diese Akzeptanz ist etwas, das wir uns manchmal leider erst erarbeiten müssen – und um dir diesen Prozess zu erleichtern, möchte ich dir ein paar Tipps geben. Ein paar Tipps, mit denen du die richtigen Rahmenbedingungen dafür schaffst, dich wirklich wohlzufühlen und zufrieden mit dir selbst zu sein.

Sport: Auch wenn du es im Laufe dieses Ratgebers schon einige Male gehört hast, möchte ich auch an dieser Stelle nochmals auf die Wichtigkeit von Sport hinweisen. In unserer Gesellschaft ist Sport hoch angesehen – ein sportlicher, durchtrainierter Körper gilt als ein gewisses Ideal. Nun wäre es nicht besonders hilfreich, sein Leben lang irgendwelchen gesellschaftlichen Idealen hinterherzulaufen, nur um anderen zu gefallen – im Endeffekt solltest du nämlich in erster Linie immer dir selbst gefallen. Denn nicht die anderen, sondern du selbst musst bzw. darfst – Reframing – dein Leben lang mit deinem Körper leben. Dein Körper trägt dich durchs Leben, ermöglicht es dir, die Welt um dich herum wahrzunehmen und zu entdecken. Nichtsdestotrotz verspüren wir einen gewissen sozialen Druck von außen. Wir Menschen haben ein Bedürfnis nach Zugehörigkeit und Anerkennung. Folglich möchten wir bei anderen gut ankommen. Durch Sport kannst du dein äußeres Erscheinungsbild gemäß gesellschaftlichen Werten in eine positive Richtung verändern, was in der Folge potenziell dazu führt, dass du dich wohler mit deinem Körper fühlst. Und das genau ist der Punkt, warum Sport in der Hinsicht helfen kann.

Noch viel wichtiger als das Bild, das andere von dir haben, ist dein eigenes Selbstbild. Wie nimmst du dich selbst wahr? Immerhin musst du dich ja selbst und niemand anderes sich wohl in deiner Haut fühlen. Auch diesbezüglich kann Sport viel bewirken. Deine Identität verändert sich, Gedanken wie „ich bin sportlich", „ich tue meinem Körper und meinem Geist etwas Gutes" und „ich lege Wert auf meine eigene Gesundheit" verfestigen sich und werden Bestandteil deines Selbstbilds, was sich wiederum positiv auf dein Selbstbewusstsein auswirkt. Außerdem fühlst du dich durch körperliches Training schlicht und einfach fitter, kräftiger und ausgeglichener. Dadurch kannst du körperliche Anstrengungen im Alltag viel leichter bewältigen. Anstatt dich zu fragen, warum du nach den Treppen ins dritte Stockwerk erstmal eine fünfminütige Pause brauchst, ehe sich dein Atem wieder beruhigt, und du dich deshalb alles andere als wohlfühlst – vielleicht nimmst du so bewusst gar nicht wahr, dass dein Körper gerade jede Menge Energie aufgewendet hat, – fühlst du dich gut, weil es ein Leichtes für dich war und eigentlich gar nicht der Rede wert ist.

Kleidung: Neben Sport kann auch Kleidung einen großen Unterschied machen. Wenn du dich so anziehst, dass du dich in deiner Kleidung wohlfühlst, hast du bereits einen Riesenschritt geschafft. Nicht umsonst heißt es „Kleider machen Leute". Außerdem habe ich dir immer wieder näherbringen wollen, wie wichtig der erste Eindruck ist – und welchen ersten Eindruck du bei anderen hinterlässt, hängt maßgeblich von deinem optischen Erscheinungsbild ab. Kleidung ist eine super Methode, wie du dein Aussehen ganz einfach und vor allem schnell ändern kannst. Die Wirkung, die Kleidung auf andere hat, wird viel zu oft maßlos unterschätzt. Dabei haben wir alle gewisse Vorurteile, welche wir mit bestimmten stereotypischen Kleidungsstilen in Verbindung bringen. Klar, Vorurteile sind unfair. Unser Gehirn versucht aber automatisch, Kategorien aufzustellen, um fremde Personen schneller einordnen zu können – wir erinnern uns daran, wie wichtig das aus evolutionärer Sicht ist, um fremde Menschen einzuschätzen und schnellstmöglich zwischen Freund und Feind unterscheiden zu können.

Somit kannst du durch die Auswahl deiner Kleidung bewusst eine gewisse Message nach außen transportieren. Außerdem kann ein „guter" Kleidungsstil enorm viel kompensieren – ein weiterer Punkt, der meistens unterschätzt wird. Ich würde so weit gehen und behaupten, dass ein durchschnittlich attraktiver Mensch mit einem überdurchschnittlich „guten" Kleidungsstil von der Mehrheit der Leute als insgesamt attraktiver eingestuft wird, als ein außerordentlich attraktiver Mensch mit einem unterdurchschnittlich „guten" Kleidungsstil.

Nun stellst du dir vielleicht die Frage, was einen guten Kleidungsstil ausmacht. Wer sagt, was gut ist und was schlecht ist? Diese Frage kann ich dir leider nicht beantworten. Aber ich kann versuchen, dir ein paar Ideen näherzubringen, wie du deine persönliche Antwort auf diese Frage finden kannst. Zunächst würde ich mal die Behauptung in den Raum stellen, dass dieses „gut" einem stetigen Wandel unterliegt. Der Markt und die Gesellschaft entscheiden darüber, was gerade im Trend ist und was man als No-Go bezeichnen würde. Trend bezieht sich hier auf alle möglichen Aspekte wie Farben, Schnitte aber auch Kleidungsstücke an sich. Nun könntest du kontinuierlich irgendeinem Trend hinterherlaufen, um immer möglichst zeitgemäß gekleidet zu sein. Kann man so machen. Ob sich das Ganze für dich lohnt, ist die andere Frage. Aber wenn du besonders modeinteressiert bist und die finanziellen Mittel dafür aufbringen möchtest, so lass dich bitte nicht davon abhalten. Viel wichtiger, als irgendeinem Trend zu entsprechen, ist aber, dass du dich selbst wohlfühlst in den Klamotten, die du anhast. Ist das nämlich nicht der Fall, so merken das andere sehr leicht und sehr schnell, was kein gutes Bild abgibt.

Also: Meine persönliche Empfehlung ist, immer in erster Linie auf deine eigenen Präferenzen zu achten. Wenn diese im Einklang mit aktuellen Trends stehen oder du generell Spaß daran hast, dich viel mit der Materie zu beschäftigen, ist es auch keineswegs verwerflich, dich an Trends zu orientieren. Abschließend möchte ich nicht unerwähnt lassen, dass du deinem Kleidungsstil, selbst wenn du dich nicht besonders dafür interessierst, zumindest ein wenig Aufmerksamkeit schenken solltest, dir deine Klamotten passen sollten und du dich immer auch dem Anlass entsprechend kleiden solltest.

Neben deiner Kleidung bietet dir auch deine Frisur eine Möglichkeit, dein Erscheinungsbild schnell und einfach zu verändern. Sie ist wie dein Kleidungsstil ein wichtiger Aspekt deines Erscheinungsbilds und ebenso eines der ersten Dinge, die andere an dir wahrnehmen. Folglich solltest du deine Frisur nicht vernachlässigen und dir Gedanken darüber machen, wie du deine Haare stylen willst. Im Endeffekt ist es aber auch hier wieder am wichtigsten, dass du selbst dich wohlfühlst. Wenn du dir noch nie groß überlegt hast, was du mit deinen Haaren eigentlich anfangen solltest, so nimm dir einfach mal einen Augenblick Zeit und überdenke dies. Ich selbst habe gemerkt, dass es mir immer einen guten Selbstbewusstseins-Boost gegeben hat, wenn ich mich dazu entschieden habe, mir eine völlig neue Frisur zuzulegen. Vielleicht kommst du aber auch zu dem Entschluss, dass du dich dann am wohlsten fühlst, wenn du deine Haare einfach so fallen lässt, wie sie von Natur aus fallen, und du daran auch nichts veränderst. Auch das ist vollkommen in Ordnung. Beachte nur, dass du deine Haare nichtsdestotrotz regelmäßig wäscht und die Basics der Hygiene berücksichtigst. Ganz grundsätzlich kann ich dir nur dazu raten, dass du dich ausreichend mit Körperhygiene beschäftigst. Ein Basislevel an Körperpflege ist unabdingbar, um sich wohl in seiner eigenen Haut zu fühlen.

9.5.2 Spazieren gehen in der Natur

Ein Spaziergang in der Natur ist so simpel und kann doch so viel bewirken. Das ist vielen oft gar nicht bewusst und es ist egal, ob du Spaziergänge als langweilige Zeitverschwendung oder als das perfekte Mittel zum Runterkommen siehst. Wusstest du beispielsweise, dass einige Bäume spezielle Duftstoffe absondern, die dein Immunsystem nachweislich aktivieren und stärken?

Beginnen wir aber bei etwas Banalerem: Spaziergänge bedeuten Entschleunigung. Ruhe. Eine kurze Auszeit. Wenn du dir die Zeit nimmst, ein paar Minuten – vielleicht auch etwas länger – einen Fuß vor den anderen zu setzen und dabei nichts anderes tust, als die Natur um dich zu beobachten und vielleicht dem Zwitschern der Vögel zu lauschen, so bedeutet das im besten Fall, dass du Zeit hast oder dir Zeit genommen hast, um für einen Augenblick abzuschalten. Das solltest du genießen. Lass dein Handy in deiner Tasche oder nimm es am besten gar nicht erst mit, konzentriere dich auf den Moment, auf dich und die Natur um dich herum. Das Leben läuft heutzutage so hektisch, alles ist auf Effizienz und Speed ausgelegt. Und die große Sorge, etwas zu verpassen, wenn man mal zu lange nicht online ist, ist immer präsent. Da kann ein kurzer Spaziergang einen guten Ausgleich bieten und dazu führen, dass du runterkommst und dich beruhigst. Dein Puls senkt sich, das Adrenalinlevel in deinem Blut nimmt ab. Du fühlst dich weniger gestresst.

Außerdem bietet dir ein Spaziergang die Möglichkeit, etwas Neues zu entdecken. Jeder Stein, jede Blume, jeder Baum, jeder Fluss, jeder Bach, jede Wolke, jedes Tier oder was auch immer du siehst, kann potenziell deine Aufmerksamkeit auf sich ziehen und dich im positiven Sinn ablenken von all deinen Sorgen und negativen Gedanken. Dein Gehirn bekommt ständig Input in Form von Reizen – du siehst etwas, nimmst einen Geruch wahr, fühlst den Wind oder hörst das Rauschen der Blätter – und selbst wenn du das, was du wahrnimmst, als langweilig einstufst, so brauchen all diese Eindrücke Platz in deinen Gedanken. Platz, der sonst vielleicht von negativem Gedankengut eingenommen worden wäre. Tatsächlich lindern Spaziergänge bewiesenermaßen Depressionen und können dabei hälfen, diesen vorzubeugen. Wobei ich strengstens davon abrate, Spaziergänge als Wunderheilmittel gegen Depressionen zu empfehlen. Nichtsdestotrotz zeigt dieser Zusammenhang schön, mit welch simplen Methoden wir uns selbst etwas Gutes tun können.

Wie in der Einleitung schon kurz angesprochen, geben einige Bäume, vor allem Kiefer, Fichte und Tanne, bestimmte Terpenoide – Duftstoffe – ab, welche im menschlichen Körper die Bildung von körpereigenen Killerzellen aktivieren. Das Immunsystem wird gestärkt. Neben diesem Effekt bist du beim Spazierengehen potenziell dem Sonnenlicht ausgesetzt, was für die Vitamin-D-Aufnahme unverzichtbar ist und wiederum dazu beiträgt, Depressionen und leichteren Verstimmungen vorzubeugen. Und obwohl Spazierengehen vielleicht nicht die sportlichste aller Arten ist, sich zu bewegen, ist sie aber im Endeffekt doch Bewegung. Insofern wirkt ein kurzer Spaziergang – der vielleicht die einzige wirkliche körperliche Bewegung an so manchen Tagen darstellt – schlaffördernd und führt dazu, dass du dich entspannter und ausgeglichener fühlst.

Zuletzt kannst du selbst bei einem kurzen Spaziergang in deiner dir scheinbar vertrauten Umgebung Neues entdecken und dich an der Schönheit der Natur erfreuen. Wenn du diese Schönheit erkennst und schätzt, kannst du dich in Dankbarkeit und Bescheidenheit üben. In deiner subjektiven Wahrnehmung kann der heimische Wald genauso schön sein wie der Strand auf den Malediven, den du regelmäßig auf Instagram zu sehen bekommst. Und der Hügel nebenan genauso schön wie der Bergsee in den Alpen.

9.5.3 Zeit mit sich selbst verbringen

Einer meiner Lieblingstipps: Zeit mit sich selbst verbringen. Je nachdem, ob du eher introvertiert oder extrovertiert bist und wie wohl du dich generell allein fühlst, klingt das jetzt vielleicht etwas seltsam. Allein sein wird in unserer Gesellschaft oft mit negativen Dingen assoziiert, allen voran mit Einsamkeit. Dabei gibt es einen ganz großen Unterschied zwischen „ich bin allein“ und „ich bin einsam“. Einsam kannst du nämlich auch dann sein, wenn du dich in der Gesellschaft von anderen befindest. Allein zu sein hingegen bedeutet nicht zwingend, dass du auch einsam bist. An sich würde ich „allein sein“ als neutral ansehen. Weder gut noch schlecht. Es kommt darauf an, was du aus dem Alleinsein machst. Mit ein paar Tipps und der richtigen Einstellungen kann es nämlich ein mächtiges Werkzeug auf dem Weg zu mehr Selbstbewusstsein darstellen und darüber hinaus auch noch richtig Spaß machen.

Der erste wichtige Punkt: Du bist der Protagonist des Geschehens. Wenn du allein bist, kannst du dich voll und ganz auf dich selbst konzentrieren. Du bist unabhängig und musst keinerlei Kompromisse eingehen. Denn es ist ja sonst keiner da. Du kannst Dinge tun, die du dich in der Anwesenheit anderer nicht trauen würdest. Du kannst spazieren gehen, nach zehn Schritten wieder umkehren und niemand wird sich dafür interessieren. Du kannst spazieren gehen und spontan beschließen, den Spaziergang in eine 20-Kilometer-Wanderung umzuwandeln – und niemand wird sich daran stören. Du allein bestimmst, was du tun willst. Dabei kannst du deiner Lust und Laune freien Lauf lassen.

So kommen dir vielleicht auch kreative Ideen oder du entdeckst völlig neue Seiten an dir. Womöglich findest du Gefallen an Aktivitäten, die du vorher eigentlich nicht gemocht hast oder nie probiert hast, weil es nicht zu deinem Bild von dir selbst passte. Außerdem ist allein sein oft ein Segen für die Psyche. Du setzt dich nämlich früher oder später mit dir selbst auseinander und Ängste, Sorgen oder andere Gedanken, die du sonst verdrängst, kommen zum Vorschein. Das ist ganz wichtig, um sich über die eigene Verfassung klar zu werden. Denn wer nicht weiß, wo er überhaupt beginnt, wird es immer sehr schwer haben, sein Ziel zu erreichen – wir erinnern uns zurück an die Analyse der Ist-Situation. Außerdem bedeutet ein Verdrängen von negativen Gedanken nicht, dass diese einfach verschwinden. Stattdessen sind sie andauernd da, auch wenn du sie bewusst nicht wahrnimmst, und stellen somit eine ständige Belastung dar. Um dem entgegenzuwirken, kann es hilfreich sein, sich hin und wieder Zeit für sich allein zu nehmen. Über Dauer und Regelmäßigkeit kannst du ganz frei, je nach Belieben, entscheiden. Was ich dir aber auf alle Fälle ans Herz legen kann: Wenn du der Meinung bist, du brauchst immer Leute um dich rum, um dich wohlzufühlen, dann versuch es trotzdem einmal. Vielleicht wirst du überrascht sein und gerade dann merken, wie schön und wichtig es ist, auch mal einfach allein zu sein.

9.5.4 Werde unabhängig

Relativ am Anfang dieses Buches habe ich dir bereits näher beschrieben, wie und warum sich ein Mangel an Selbstbewusstsein in Abhängigkeitsverhältnissen äußern kann. Im Umkehrschluss kann es helfen, unabhängig zu werden, um selbstbewusster zu werden.

Unabhängigkeit bedeutet Freiheit und sorgt dafür, dass du dich frei und selbstbewusst fühlst. Keine Sorge: Mit Unabhängigkeit meine ich nicht, dass du einsam werden sollst. Ganz im Gegenteil – Unabhängigkeit lässt dich erfüllende zwischenmenschliche Beziehungen führen, da du für deine Bedürfnisse einstehen kannst. Du kannst deinem Gegenüber auf Augenhöhe begegnen und brauchst dich folglich nicht zu verstecken. Außerdem kannst du deine Grenzen viel leichter aufzeigen und auch einmal ein deutliches „Nein“ aussprechen. Was Unabhängigkeit verhindert ist nämlich, dass du Angst oder Sorge davor hast, den anderen zu verletzen oder zu kränken, was sich durch eine Abhängigkeit negativ auf dich selbst auswirken könnte.

Aber was ist mit Unabhängigkeit eigentlich gemeint? Freiheit. Selbstbestimmung. Das zu tun, was man tun möchte. Ich würde hier im Großen und Ganzen zwischen finanzieller Unabhängigkeit und emotionaler Unabhängigkeit unterscheiden. Zur finanziellen Unabhängigkeit würde ich außerdem solche Abhängigkeitsverhältnisse zählen, die keinen direkten finanziellen Hintergrund haben, sondern aufgrund von gewissen Lebensumständen entstehen. Sowohl bezüglich finanzieller als auch emotionaler Unabhängigkeit kannst du daran arbeiten, unabhängig bzw. unabhängiger zu werden, um dein Selbstbewusstsein zu steigern.

Hinsichtlich emotionaler Unabhängigkeit musst du dich mit der Annahme anfreunden, dass du selbst – wenn es hart auf hart kommt – der einzige Mensch bist, der dich niemals verlassen wird, auf den du immer zählen kannst und der dich niemals im Stich lassen wird. Alle anderen Menschen, die Teil deines Lebens sind, könnten theoretisch jederzeit aus deinem Leben treten. Das heißt jetzt nicht, dass du sämtliche deiner zwischenmenschlichen Beziehungen beenden solltest, um ja nicht verletzt zu werden – Angriff ist nicht immer die beste Verteidigung. Freundschaft, Liebe und emotionale Bindungen im Allgemeinen sind ungemein wichtig und schön. Gleiches gilt für Vertrauen. Vertrauen ist aber immer auch der Zustand des größten Risikos. Wenn du jemandem vertraust, so begibst du dich in eine Position, in der dir die andere Person wehtun kann. Sofern du dieses Risiko aber immer im Hinterkopf behältst und dich gleichzeitig emotional nicht abhängig machst, kannst du Vertrauen und Beziehungen zu anderen genießen, ohne bei einem plötzlichen Aus komplett verzweifelt zu sein.

9.5.5 Wie Reisen dein Selbstbewusstsein erweitert

In meiner Kindheit hatte ich das große Glück, zumindest einmal im Jahr mit meinen Eltern zu verreisen. Was damals immer das Highlight des Jahres und mit jeder Menge Spaß und Action verbunden war, wurde gegen Ende meiner Schulzeit zu „Reisen ist teuer und mir das Geld nicht wert". Nachdem ich mit meinen Eltern nicht mehr so recht in den Urlaub fahren wollte und mich nicht in der finanziellen Lage sah, einfach mal selber zu reisen, machte ich jahrelang keine richtige Reise mehr. Doch im Laufe meiner Studienzeit kam immer mehr der Wunsch auf, meinen vertrauten Lebensbereich endlich mal zu verlassen. Vermutlich dadurch bedingt, dass mir mein Studium und all die Leute, die ich dabei kennenlernen durfte, die Augen geöffnet haben. Da ist noch so viel mehr zu entdecken, zu sehen und zu erleben.

Anders als in meiner Kindheit war reisen nun aber nicht mehr nur mit Spaß und Action verbunden. Es war eine Angst dazugekommen. Aus der kindlichen Neugierde wurde eine Angst vor dem Unbekannten. Die Angst, die eigene Komfortzone zu verlassen. Denn reisen ist immer ein Schritt raus aus der Komfortzone, hinein in eine unbekannte Welt. Je nachdem wohin es für dich geht, wird vieles, wenn nicht gar alles, neu für dich sein: Neue Menschen, neue Städte, eine neue Kultur. Andere Bräuche und Sitten. Reisen bedeutet Ungewissheit, und Ungewissheit ist in den meisten Fällen mit Angst verbunden.

Trotz dieser Angst wurde meine Sehnsucht nach der Ferne so groß, dass ich letztendlich – zu meinem großen Glück – den Schritt gewagt habe. Zu einer anfänglichen, kürzeren Reise mit Freunden kamen bald viele weitere hinzu und mit jedem Mal wurde die Angst weniger. Reisen bietet dir die Möglichkeit, zu lernen, trotz Ängsten zu handeln. Teilweise reiste ich auch allein, was ich auch dir nur empfehlen kann. Wenn du nämlich mit einer Gruppe dir bestens vertrauter Personen unterwegs bist, so ist es wahrscheinlich, dass du dich die ganze Reise über auf diese Gruppe konzentrieren wirst. Andere Menschen lernst du so eher nicht kennen, da es viel bequemer ist, sich einfach auf seine eigenen Leute zu verlassen. Kannst du dies aber nicht tun, weil du ganz allein unterwegs bist, bist du viel offener, neue Menschen kennenzulernen. Du wirst merken, dass die meisten Menschen, denen du beim Reisen begegnest, ebenfalls viel offener sind, als dir deine Ängste vielleicht vorspiegeln wollen – und so hast du abermals die Chance, Ängste zu überwinden und dir soziales Selbstbewusstsein aufzubauen.

Reisen ist eine ideale Möglichkeit, wie du lernen kannst, trotz deiner Ängste zu handeln, während du deinen Horizont erweiterst, neue Leute kennenlernst und vielleicht sogar neue Freundschaften schließt.

9.5.6 Das Leben und sich selbst nicht zu ernst nehmen

Abschließend möchte ich dir noch einen Tipp mit auf deinen Weg geben, der bei mir ein gewisses Umschalten in meiner Denkweise bewirkt hat, als ich das erste Mal davon gehört habe: Nimm dein Leben und dich selbst nicht zu ernst.

Eine gewisse Leichtigkeit macht vieles deutlich einfacher. Stell dir hierzu einfach immer die Frage, ob dich das, worüber du dich im Moment ärgerst, auch in fünf Jahren noch ärgern wird. Ist dem nicht so, dann verschwende nicht mehr als fünf Minuten damit, dich zu ärgern, und fokussiere dich auf die schönen Seiten des Lebens. Ganz generell bedeutet „das Leben nicht zu ernst nehmen", dass du selbst in den dunkelsten Zeiten nicht die Lebensfreude verlierst. Wenn du möchtest, kannst du jeder Situation in deinem Leben mit ein klein wenig Humor begegnen – und den fröhlichen Momenten mit noch viel mehr Humor.

Sei dankbar für alles, was du erleben darfst. Sei dankbar für die guten und die schlechten Tage, für die Freude und die Trauer. Genieß jeden

Moment und mach dir nicht allzu viele Sorgen über das, was ist, was war oder was sein könnte. Irgendwo habe ich mal ein Zitat aufgeschnappt, welches ich zwar nicht mehr genau in Erinnerung habe, was den Wortlaut betrifft, aber umso besser in Erinnerung habe, was den Inhalt angeht. Jedenfalls besagte jenes, man solle sich selbst lediglich als Beobachter seiner selbst sehen. Du selbst bist der Beobachter deines eigenen Lebens und der Welt, die dich umgibt. Anstatt dich bei Rückschlägen also in Verzweiflung zu verlieren, beobachte. Was macht dieser Rückschlag mit mir und wie werde ich damit zurechtkommen? Natürlich werden Emotionen wie Trauer, Wut oder Verzweiflung trotzdem in dir aufkommen. Mit dieser Einstellung kann es dir aber gelingen, diesen nicht zu viel Raum zu geben, sodass du die Situation besser bewältigen kannst.

"The secret of getting ahead is getting started."

Mark Twain

10

Schlusswort

Lass uns zum Abschluss noch einmal gemeinsam einen kurzen Blick zurückwerfen.

Zuallererst haben wir uns mit den Begriffen Selbstbewusstsein, Selbstvertrauen und Selbstwert per se auseinandergesetzt und definiert, wie diese im Buch eingesetzt werden, um Missverständnissen auf sprachlicher Ebene vorzubeugen. Anschließend haben wir uns angesehen, was einen selbstbewussten Menschen denn eigentlich auszeichnet und von einem weniger selbstbewussten Menschen unterscheidet. Ich habe dir nähergebracht, wie und warum so ein Mangel entstehen kann, und weshalb die Folgen davon oft sehr einschränkend, wenn auch nicht immer offensichtlich sind. Anschließend haben wir geklärt, was es eigentlich heißt, den langen Weg zu mehr Selbstbewusstsein auf sich zu nehmen, welche Hürden und Hindernisse deinen Weg prägen werden und wie wichtig es ist, sich regelmäßig in Selbstreflexion zu üben. Außerdem ist es essenziell, es nicht bei „ich möchte selbstbewusst werden" zu belassen, sondern sich ausführlich Gedanken darüber zu machen, wohin man eigentlich möchte, und seine Ziele klar zu definieren. Du hast gelernt, welche Rolle dein

Umfeld spielt und wie du daran arbeiten kannst, dir ein positives Umfeld aufzubauen.

Dann ging es auch schon an die Methoden. Was kannst du denn nun wirklich konkret und tagtäglich tun, um endlich selbstbewusster zu werden? Hierfür haben wir uns zuerst auf das große Thema der Gewohnheiten konzentriert. Gewohnheiten sind der Schlüssel zum Erfolg, wenn es darum geht, deine Wunschidentität zu erreichen. Identität – ein wichtiger Punkt. Nicht umsonst habe ich mich dazu entschlossen, diesen Begriff im Titel zu verwenden. Im Endeffekt geht es darum, dass Selbstbewusstsein ein Teil deiner Identität wird. Dann hast du wahres Selbstbewusstsein erreicht. Um das zu erreichen, musst du so handeln, als wärst du bereits selbstbewusst. Du musst immer wieder gegen deine Ängste handeln – „fake it till you make it". Im nächsten Schritt haben wir uns mit Glaubenssätzen und der Macht deiner Gedanken befasst und ich habe dir gezeigt, wie du nur durch die Kraft deiner Gedanken enorm viel verändern kannst. Um mit Ängsten umzugehen habe ich dir die 4-Schritt-Methode gezeigt. Eine praktische Anleitung, mit der du allen deinen Ängsten entschlossen entgegentreten, sie überwinden und letztendlich sogar zu etwas Positivem machen kannst – Angst als Kompass, der dir den richtigen Weg zeigt. Den Weg hinaus aus deiner Komfortzone.

Die Komfortzone – ein weiterer wichtiger Punkt. Immer dann und nur dann, wenn du jene verlässt, wirst du deinem Ziel von mehr Selbstbewusstsein näherkommen. Mit jedem Mal vergrößerst du deine Komfortzone. Im Anschluss an die 4-Schritt-Methode haben wir uns angesehen, wie es dir gelingen kann, soziales Selbstbewusstsein aufzubauen, und wie du Meister im Smalltalk und Umgang mit anderen Menschen wirst. Hier ist es besonders wichtig, dein Umfeld so zu gestalten, dass du möglichst leicht und möglichst oft Kontakt zu anderen hast – und selbst wenn es sich nur um eine ganz kurze Unterhaltung über das Wetter handelt, so ist dies ein kleiner, aber wichtiger Baustein von ganz vielen. Generell ist es notwendig, geduldig zu sein. Auch Geduld ist ein Schlüssel zum Erfolg. Anstatt unmittelbare Ergebnisse zu erwarten, solltest du dich immer auf deine Ziele fokussieren. Der Erfolg zeigt sich im Weg, jeder Schritt ist ein Erfolg, auch wenn es im Moment nicht immer so scheint. Genau das musst du immer im Hinterkopf behalten.

Jetzt ist es jedenfalls wichtig, überhaupt einmal den ersten Schritt zu tun. Fang einfach an, egal wie. Du musst Momentum aufbauen. Jeder weitere Schritt wird dir dabei helfen, dieses Momentum zu halten und immer weiter voranzukommen. Du musst deine Ängste identifizieren, dich mit ihnen auseinandersetzen und dann gezielt und entschlossen entgegen dieser Ängste handeln. Lerneffekt – die Angst ist da, aber sie ist nur in deinem Kopf. Sie ist real. Die Gefahr aber ist es nicht. Sie ist auch in deinem Kopf. Sie existiert in deinen Gedanken, aber nicht in der Welt um dich herum. Du musst deine Komfortzone wieder und wieder verlassen, um sie Schritt für Schritt zu erweitern. Das alles ist mühsam und braucht viel Zeit und Energie. Aber es wird sich lohnen. Genauso wie es sich für mich gelohnt hat und ich Jahre später dieses Buch verfasse, kann es sich für dich lohnen.

Ich hoffe, du konntest den ein oder anderen Ratschlag für dich mitnehmen. Ansonsten ist spätestens jetzt der Zeitpunkt für dich gekommen, ins Tun überzugehen. Die Theorie ist komplett, jetzt geht es an die Praxis. Das, was ich dir im Rahmen eines Buches mit auf deinen Weg geben kann, ist abgeschlossen. Nun liegt es an dir. Wenn du alles gibst und dich an dem, was ich dir gezeigt habe, orientierst, bin ich fest davon überzeugt, dass du es schaffen wirst. Ein guter Start bietet hierfür meine 30-Tage-Komfortzonen-Challenge, sowie die Implementierung einer Morgenroutine. Beides findest du im folgenden Bonusteil.

Eine letzte Sache noch. Wenn dir dieses Buch gefallen hat, nimm dir bitte 30 Sekunden Zeit und hinterlasse ein kurzes Review auf Amazon.

Deine Rezension würde der Sichtbarkeit dieses Buches enorm helfen und andere Menschen bei ihrer Kaufentscheidung unterstützen.

Vielen Dank für dein Vertrauen in den Kauf dieses Buches! Ich wünsche dir viel Erfolg auf deinem weiteren Weg der Persönlichkeitsentwicklung und vielleicht bis sehr bald.

Bonus #1 - Die 5-Schritt-Morgenroutine, um den Tag zu gewinnen und dein Leben zu transformieren

Beim Kauf dieses Buches ist ebenfalls„Die 5-Schritt-Morgenroutine um den Tag zu gewinnen und dein Leben zu transformieren“ enthalten. Eine konstante Morgenroutine ist der größte Erfolgsfaktor, den ich in den letzten Jahren in meinem Leben implementieren konnte, und sehr viele erfolgreiche Menschen benutzen das Tool der Morgenroutine, um positiv, produktiv und energiegeladen in den Tag zu starten.

Scanne hierfür den QR-Code mit deiner Handykamera, bzw. tippe den Link in deinen Browser ein und lass mich wissen, an welche E-Mail ich dir deinen Bonus schicken soll. Ebenfalls hast du die Möglichkeit, Teil meiner Leserliste zu werden, und so jedes meiner Bücher kostenlos zu bekommen. Es lohnt sich also :)

http://timwunderlich.com/

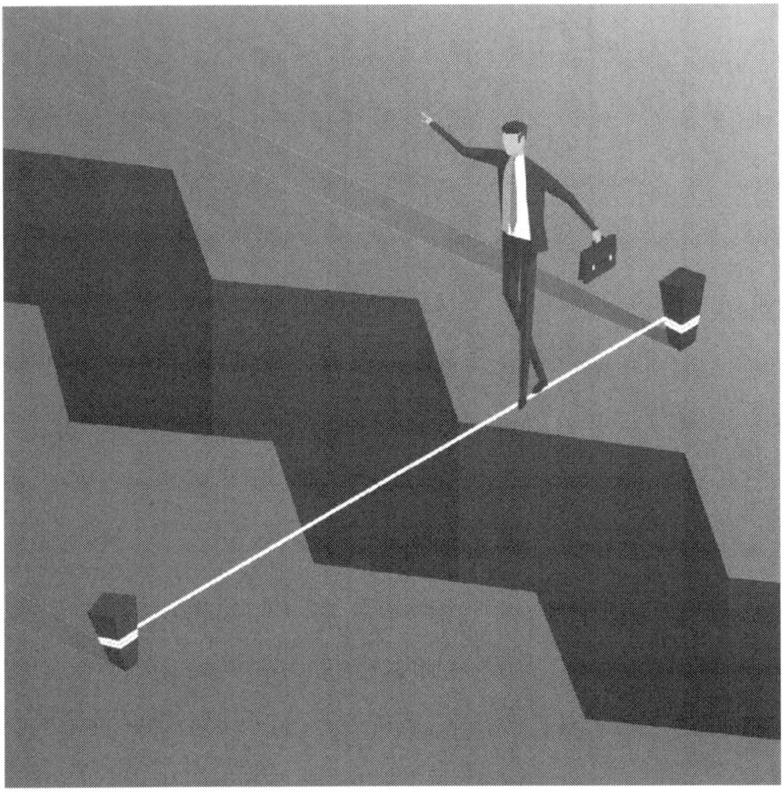

„Each time we face our fear, we gain strength, courage, and confidence in the doing."

Theodore Roosevelt

11

Die 30-Tage-Komfortzonen-Challenge

Um dir deinen Weg und vor allem den Einstieg zu erleichtern, hier noch ein kleines Bonus-Kapitel für dich: die 30-Tage-Komfortzonen-Challenge. Eine praktische Anleitung inklusive Anweisungen, was du jeden Tag tun kannst, um deine Komfortzone zu verlassen.

Eins schon mal vorab: Gelingt es dir, die vollen 30 Tage durchzuziehen, ohne auch nur einen einzigen davon auszulassen, so wird deine Komfortzone nach diesen 30 Tagen weitaus größer sein, als sie jetzt ist. Du wirst einen immensen Unterschied merken. Aber selbst wenn es dir nicht gelingen sollte, alle 30 Challenges zu schaffen, ist das überhaupt kein Problem. Jeder erfolgreich absolvierte Tag wird deine Komfortzone ein großes Stück weit erweitern. Wichtig ist nur, dass du überhaupt einmal den ersten Schritt machst und ins Tun kommst. Also los!

Tag 1. Rufe ein Unternehmen deiner Wahl an und frage nach einer Filmempfehlung. Hierzu kannst du Google Maps verwenden, um ein lokales Unternehmen zu finden. Egal ob Restaurant, Einzelhandel oder Mobilfunkanbieter. Ruf einfach an und schau, welche Reaktion dich erwartet.

Bonus-Tipp: Sei direkt! Rede nicht um den heißen Brei herum, sondern komm zum Punkt. Ohne dich vorher selbst du erklären, frag einfach direkt nach einer Empfehlung für einen Film.

Tag 2. Frage drei fremde Menschen nach dem Weg.

Bonus-Tipp: Versuche bereits im Vorhinein die Aufmerksamkeit jener Person, die du ansprechen möchtest, zu erhalten, indem du Augenkontakt suchst. Anschließend begrüße dein Gegenüber mit einem simplen „Hi" oder sag einfach „Entschuldigung, könntest du mir …". So trainierst du gleichzeitig, Augenkontakt aufzubauen und zu halten.

Tag 3. Gehe in ein Restaurant, einen Imbiss, eine Eisdiele, eine Bar oder in eine ähnliche Lokalität und frag die Person neben dir, was sie empfehlen kann.

Bonus-Tipp: Versuche nicht zu lang zu zögern, sondern frag am besten direkt und ohne viel zu überlegen.

Tag 4. Baue mit fünf verschiedenen Personen Augenkontakt auf und versuche, diesen so lange zu halten, bis die andere Person wegschaut.

Bonus-Tipp: Sollte dich die andere Person darauf ansprechen, sag „Oh sorry, ich dachte ich kannte dich von früher.“ So löst du die Situation ganz einfach, ohne dass es unangenehm wird.

Tag 5. Kaufe einem Obdachlosen ein Frühstück, setz dich zu ihm und hör dir seine Story an.

Bonus-Tipp: Sprich ihn oder sie schon vorher an und frag, was er oder sie am liebsten zum Frühstück hätte.

Tag 6. Frage drei fremde Menschen, ob sie ein Foto von dir machen.

Bonus-Tipp: Suche dir hierfür eine Sehenswürdigkeit bzw. einen Ort aus, wo es Sinn macht, ein Foto zu machen. So wirkt es nicht total willkürlich oder komisch.

Tag 7. Gehe allein in ein recht gehobenes Restaurant – also nicht zum Imbiss nebenan – und esse dort zu Mittag. Schaue währenddessen nicht ein Mal auf dein Handy.

Bonus-Tipp: Versuche, präsent zu sein und dich zu entspannen.

Tag 8. Begrüße nachmittags fünf Menschen auf der Straße mit den Worten: „Guten Morgen".

Bonus-Tipp: Warte nicht auf die Reaktion deines Gegenübers, sondern geh einfach weiter, als wäre es das Selbstverständlichste der Welt.

Tag 9. Stoppe drei fremde Menschen und mach ihnen ein Kompliment.

Bonus-Tipp: Verwende ein Kompliment bezogen auf die Kleidung, wie „ich mag deine Schuhe / deine Sonnenbrille / deinen Schal", um der anderen Person nicht zu nahe zu treten. Außerdem freuen sich die meisten Menschen darüber, wenn sie Komplimente für ihre Kleidung bekommen.

Tag 10. Mache zehn Liegestütze oder Kniebeugen auf einem öffentlichen Platz oder einer öffentlichen Straße.

Bonus-Tipp: Zögere nicht zu lange und mach es einfach. Sobald du einen Platz gefunden hast, starte sofort mit den zehn Liegestützen bzw. Kniebeugen. Wiederhole das ganze insgesamt dreimal.

Tag 11. Frage drei fremde Personen, ob sie dir ein gutes Restaurant in der Nähe empfehlen können. Popel dir dabei etwas in der Nase.

Bonus-Tipp: Versuche es so zu überspielen, als ob es kein großes Ding wäre.

Tag 12. Gehe in ein Kleidungsgeschäft und zieh ein oder zwei richtig alberne Sachen an. Sprich dann zwei Personen an und frag: „Entschuldigung, sehe ich gut darin aus?"

Bonus-Tipp: Ich empfehle H&M oder Zara. Hier gibt es eine Menge an Anziehsachen und auch viele Menschen, die du fragen kannst. Du kannst aber natürlich auch in ein anderes Kleidungsgeschäft deiner Wahl gehen.

Tag 13. Tritt einer Meetup-Gruppe bei und gehe auf ein Treffen. Alternativ kannst du dich auch zu einem Probetraining oder Kurs anmelden, den du schon immer mal ausprobieren wolltest.

Bonus-Tipp: Gehe auf die Seite meetup.com und suche dir eine Gruppe aus, die dir gefällt. Ich empfehle dir außerdem, mehreren Gruppen beizutreten.

Tag 14. Gehe in ein Café und gib der Person hinter dir in der Schlange einen Kaffee aus.

Bonus-Tipp: Sei direkt und frag die Person hinter dir zuerst, was sie empfiehlt und selbst bestellen will.

Tag 15. Sprich zweimal eine sitzende Person an – beispielsweise auf einer Bank – und erzähl ihr einen Witz.

Bonus-Tipp: Wähle einen kurzen Witz aus und übe ihn einige Male vorher.

Tag 16. Filme ein 3-Minuten-Video von dir mit deinem Handy auf einem öffentlichen Platz. Erzähle darin von deinen bisherigen Erfahrungen mit der 30-Tage-Challenge, deinen größten Herausforderungen und Fortschritten, die du schon machen konntest.

Bonus-Tipp: Verhalte dich, als ob es das Normalste der Welt wäre, sich in der Öffentlichkeit zu filmen.

Tag 17. Sprich zwei fremde Personen an und versuche, ein Selfie mit ihnen zu machen. „Hey, können wir kurz ein Bild zusammen machen?"

Bonus-Tipp: Nachdem du gefragt hast, hol schon mal dein Handy raus und positioniere es so, als ob du schon davon ausgehst, dass die Person zustimmt. Mach dann ein Selfie, es sei denn, die andere Person sagt,,nein".

Tag 18. Geh in ein Geschäft und versuche mit der Verkäuferin bzw. dem Verkäufer für 30 Sekunden einen Discount auszuhandeln.

Bonus-Tipp: Versuche während der Verhandlung zu lächeln. Ich möchte, dass du der Verkäuferin bzw. dem Verkäufer schmeichelst und sie oder ihn zum Lachen bringst.

Tag 19. Steige in einen Bus ein und frage den Busfahrer ganz ernst, ob du auch mal fahren darfst.

Bonus-Tipp: Zögere nicht. Steig vorne ein und stelle dann sofort deine Frage.

Tag 20. Gib drei fremden Menschen ein High-Five.

Bonus-Tipp: Lächle und sag mit selbstbewusster Stimme: „Hey, High-Five!"

Tag 21. Geh allein ins Kino oder Theater.

Bonus-Tipp: Versuche präsent zu sein und dich zu entspannen. Schaue in der Zeit nicht auf dein Handy und lenke dich auch sonst nicht ab. Das gilt auch für den Weg hinein und wieder hinaus aus dem Kino bzw. Theater.

Tag 22. Gehe auf eine belebte Einkaufsstraße, stehe still und schaue nach vorne. Bleibe so für 60 Sekunden stehen, ohne dich zu rühren.

Bonus-Tipp: Konzentriere dich auf deine Atmung und versuche, dich zu entspannen.

Tag 23. Starre eine Minute durch ein Café- oder Restaurantfenster und schaue der Person dahinter beim Essen zu.

Bonus-Tipp: Halte deinen Fokus auf das Essen gerichtet und schau die Person nur wenig an.

Tag 24. Setze deine Kopfhörer auf, spiele dein Lieblingslied und singe 60 Sekunden, während du auf einer Einkaufsstraße läufst.

Bonus-Tipp: Starte, indem du leise vor dich hinsingst und werde dann mit der Zeit immer lauter.

Tag 25. Frage zwei fremde Personen nach ihrer Meinung zu einem bestimmten Thema. Wenn sie geantwortet haben, wiedersprich ihnen höflich und erkläre, dass du anderer Meinung bist.

Bonus-Tipp: Am besten eignen sich hierfür Themen, die gerade in den Nachrichten sind oder in der Stadt, in der du dich befindest, passiert sind.

Tag 26. Ziehe dich super albern an und gehe 20 Minuten durch eine belebte Einkaufsstraße spazieren. Versuche dabei trotzdem selbstsicher zu wirken.

Bonus-Tipp: Eine gute Kombi wären zum Beispiel Sandalen, Tennissocken, eine kurze Jogginghose und ein Hemd. Am besten alles in ganz bunten, unterschiedlichen Farben.

Tag 27. Frage zwei fremde Personen, was man denn hier in der Stadt unternehmen kann. Versuche dabei, die Konversation so komisch wie möglich zu gestalten (kein Augenkontakt, stottern, Gesprächspausen, zucken etc.).

Bonus-Tipp: Um die Situation zu verlassen, frag nach dem Weg und gehe dann, ohne etwas zu sagen.

Tag 28. Sprich zwei fremde Menschen des anderen Geschlechts an mit den Worten: „Hey, entschuldige, dass ich so spät bin. Also, was ist unser Plan für heute?"

Bonus-Tipp: Versuche dies mit einem Lächeln zu sagen. Das nimmt den Druck aus der Situation. Versuche die Konversation etwas am Laufen zu halten. Dies ist allerdings kein Muss.

Tag 29. Gehe auf einen öffentlichen Platz und lege dich für 30 Sekunden auf den Boden.

Bonus-Tipp: Gib einem Freund vorher 20 Euro und sag ihm, er darf sie behalten, falls du es nicht tust.

Tag 30. Sprich eine Person des anderen Geschlechts an und frage, ob sie oder er auf ein Date gehen will. Zum Beispiel: „Entschuldige, das ist zwar etwas komisch, aber ich finde dich wirklich attraktiv! Hättest du Lust, dich mal auf einen Kaffee zu treffen?"

Bonus-Tipp: Wenn die Person „ja" sagt, hole einfach dein Handy raus und sag: „Ok, wie lautet deine Nummer?" Bei einem„nein" sag: „Ach ok, kein Problem. Dann nimm es einfach als Kompliment."

Impressum

Tim Wunderlich wird vertreten durch:

Hasiera Education LLC
1013 Centre Road
Suite 403S
Wilmington, DE 19805

Covergestaltung und -konzept:
99 Designs

Jahr der Veröffentlichung: 2021

Verantwortlich für den Druck: Amazon Distribution GmbH, Leipzig

Printed in Germany
by Amazon Distribution
GmbH, Leipzig

25286298R00131